Henrike von Speßhardt

111 Orte in Sydney, die man gesehen haben muss

Mit Fotografien von Susan Scholz

111

emons:

Bibliografische Information der Deutschen Nationalbibliothek
Die Deutsche Nationalbibliothek verzeichnet diese Publikation in der Deutschen Nationalbibliografie; detaillierte bibliografische Daten sind im Internet über http://dnb.d-nb.de abrufbar.

MIX
Papier | Fördert gute Waldnutzung
FSC® C083411

Gestaltung: Anja Sauerland, nach einem Konzept von Lübbeke | Naumann | Thoben
Kartografie: altancicek.design, www.altancicek.de
Kartenbasisinformationen aus Openstreetmap, © OpenStreetMap-Mitwirkende, ODbL
Druck und Bindung:
Printed in Germany 2022
ISBN 978-3-7408-1355-0

Vorwort

Von der staubigen Sträflingskolonie zur schillernden Hafenmetropole und Heimat von fünf Millionen Menschen aus über 180 Ländern der Welt. So könnte man die noch junge Geschichte Sydneys zusammenfassen. Aber ist die Vergangenheit der größten Stadt Australiens tatsächlich so kurz? Nur dann, wenn man vollkommen außer Acht lässt, dass auf diesem paradiesischen Fleckchen Erde zwischen grünem Buschland, goldenen Sandbänken und warmem Sandstein auch vor der Ankunft der ersten englischen Siedler selbstverständlich schon Menschen lebten, und das seit mindestens 40.000 Jahren, wie man heute weiß.

Die Spuren der indigenen Völker Sydneys sind zum großen Teil verblasst, mancherorts aber eben doch noch auffindbar. Wenn man denn weiß, wo man suchen muss, so zum Beispiel im Ku-ring-gai-Nationalpark im Norden der Stadt. Der Wimpernschlag der Geschichte hingegen, die westliche Besiedlung seit 1788, hat überall Spuren hinterlassen, manchmal auch Narben, so wie im Stadtteil mit dem sprechenden Namen Blacktown, der in keinem Reiseführer zu finden ist. Darin liegt der Reiz Sydneys. Nicht alles ist abgegrast, tausendfach besucht oder besprochen worden, vieles liegt noch im Dunkeln, bleibt mysteriös oder hat sich verflüchtigt, harrt der Entdeckung. Das natürliche Hafenbecken mit seinem glitzernden Wasser, den weißen Segeln und gelben Fähren, die Cafés und Bars voller lebensfroher Genießer, die weichsandigen Strände mit ihren braun gebrannten Surfer-Ikonen, über denen Kakadus kreisen. Sie alle sind viel mehr als nur ein Klischee und formen das Sydney, das man nur lieben kann. Weniger bekannt sind die stillen und geheimnisvollen Ecken der Stadt, von Heimwehstätten eingewanderter Kulturen bis zu ungezähmten Naturen und Buchten voller exotischer Lebewesen.

Trauen Sie sich hinein!

111 Orte

1 Die Aboriginal Art Galerie

War immer, wird immer sein

Lange galt Aboriginal Art nur als ethnologisch interessantes Relikt einer ausgestorbenen Kultur. Heute wird die Kunst der Ureinwohner Australiens als Ausdruck einer mindestens 40.000 Jahre alten Tradition in den renommiertesten Museen gezeigt und ist als wichtiger Teil der Gegenwartskunst akzeptiert. Die Gemälde des in den 1970er Jahren in der Wüste nordwestlich von Alice Springs entstandenen Western Desert Art Movement, das von den Wanderungen der Schöpferahnen und ihrem Wirken erzählt, sind weltweit bekannt. Werke von Emily Kame Kngwarreye oder Clifford Possum Tjapaltjarri, um nur zwei der Berühmtesten zu nennen, erzielen Millionenpreise. Auf den einen mögen sie mit ihren Punkten und Zeichen wie lyrische Landkarten wirken, ein anderer wiederum wird sie als spektakuläre abstrakte Gemälde wahrnehmen. Sich sicher sein kann man nur darüber: Alle Arbeiten bieten intime Einblicke in die Seele ihrer Schöpfer.

Das ist nicht anders bei den Werken einer neuen Generation zeitgenössischer Künstler, deren Kunst noch nicht lange in Sydneys Galerien zu sehen ist. Viele von ihnen arbeiten vollkommen anders, als man es bisher von indigen-australischen Künstlern gewohnt war, und sind ganz selbstverständlicher Teil der urbanen Kulturszene. So wie Dylan Mooney, Jahrgang 1995, dessen digital gezeichnete Superhelden in der N.Smith Gallery von der Widerstandsfähigkeit, dem Überleben und der Zukunft der First Nations erzählen.

Wer sich für Aboriginal Art interessiert, sollte Souvenirshops und Galerien in der Nähe von Hotels oder Kreuzfahrtschiffanlegern unbedingt meiden. Die dort ausgestellten Werke werden oft unter schlechtesten Bedingungen für die Künstler oder gleich in China hergestellt und haben nichts mit der einzigartigen Kultur der Aborigines zu tun. Ohne sich dieser jedoch zu widmen, wird man die Geschichte des Kontinents niemals wirklich verstehen können.

Adresse Galerien mit junger Aboriginal Art sind etwa die Cooee Art Gallery (17 Thurlow Street, Redfern, NSW 2016), die N.Smith Gallery (6 Napier Street, Paddington, NSW 2021), Utopia Art Sydney (983 Bourke Street, Waterloo, NSW 2017), Michael Reid (105 Kippax Street, Surry Hills, NSW 2010) oder Boomalli Art (55–59 Flood Street, Leichhardt, NSW 2040). | Öffnungszeiten siehe Programme der Galerien unter www.artguide.com.au | Tipp Den besten Überblick über die Entwicklung der zeitgenössischen Aboriginal Art bietet die wechselnde Sammlung indigener Kunst der Art Gallery of New South Wales (Art Gallery Road, Sydney, NSW 2000, www.artgallery.nsw.gov.au).

2 Andersen's Book Bindery

Die Letzte einer Zunft

In diesem unscheinbaren weiß getünchten Backsteinbau im Stadtteil Redfern entstanden schon vor über 100 Jahren schöne Waren für Menschen mit gutem Geschmack. Die Räume, in denen Cali Andersen heute ihre feine, kleine Buchbinderei betreibt, dienten einst als Manufakturwerkstätten und Lager eines der modernsten und größten Kaufhäuser der Welt, dem innerstädtischen »New Palace Emporium« des Familienunternehmens Anthony Hordern & Sons. Dort konnten Kunden ab 1905 ihrer Kauflust auf sensationellen 21 Hektar Einkaufsfläche frönen.

Das prachtvolle Kaufhaus, das täglich aus diesem Lagerhaus mit frisch hergestellten Waren beliefert wurde, riss man trotz Protesten noch 1986 schändlicherweise ab. Manchem Sydneysider ist das Alte immer noch ein Graus, so scheint es gelegentlich. Billige Massenware aus Asien dominiert das Angebot der großen Shoppingcenter der Stadt. Die Wegwerfgesellschaft feiert in Australien ein Freudenfest. Dem tritt Cali Andersen mit ihrem Angebot entschieden entgegen. Sie restauriert nicht nur alte Bücher für Privatleute und Museen, sondern ist auch eine der wenigen Händler in ganz Australien, die noch alle für das alte Handwerk der Buchbinderei notwendigen Materialien und Geräte vertreiben. Viele ihrer Zulieferer sind in ihren 80ern und älter, so wie der weltweit bekannte Frank Wiesner, der als junger Mann aus Deutschland nach Australien kam und nach wie vor hölzerne Pressen in Queensland herstellt. Daneben kann man bei Cali Andersen handgeschöpfte Papiere und Grußkarten, filigrane Papierkunstwerke oder Schreibfedern und Tinten kaufen. Da die Buchbinderei in Australien kein offizieller Ausbildungsberuf mehr ist, bietet sie zudem eine Auswahl weiterführender Fachliteratur sowie Kurse und Weiterbildungen an, die von ihr selbst oder angereisten europäischen Meistern geleitet werden. Auf dass die Zunft in Australien niemals ganz aussterbe.

Adresse G02/59 Great Buckingham Street, Redfern, NSW 2016 | **ÖPNV** Busse 308 und 309, Haltestelle Redfern Park, Redfern St | **Anfahrt** kostenfreies einstündiges Parken am Straßenrand | **Öffnungszeiten** unregelmäßig, siehe www.bookbindingaustralia.com.au | **Tipp** Die nahezu gänzlich erhaltene viktorianische Straßenarchitektur mit ihren kleinen Häusern und mit von Eisenzäunen gesäumten Vorgärten ist eine weitere Besonderheit der Great Buckingham Street. Der Spaziergang durch die Nachbarschaft lohnt sich.

3 Der Anker der Sirius

Was vom Flaggschiff blieb

Unter riesigen schattenspendenden Feigenbäumen liegt ein Anker in der Stadt herum. Während sich um ihn herum die Hochhäuser türmen und ab 13 Uhr zum freitäglichen, sehr typisch australischen »Liquid Lunch« der Büroangestellten gerufen wird, ruht er einfach in sich. Acht Monate benötigte die Erste Flotte der Royal Navy von Mai 1787 bis Januar 1788, um von Portsmouth in England aus Sydney zu erreichen. Die 511 Tonnen schwere HMS »Sirius« war das Flaggschiff der insgesamt elf Flottenschiffe. An Bord der Schiffe befanden sich 772 Strafgefangene, davon 191 Frauen und 13 Kinder, die am 26. Januar 1788 in der Botany Bay anlandeten. Überwiegend ein bemitleidenswertes, ausgezehrtes Völkchen verurteilter Eier- und Brotdiebe, politischer Gefangener und Prostituierter.

Noch vor Kurzem galt es in Australien als nicht besonders schick, von ebendiesem gottverlassenen Haufen abzustammen, der am anderen Ende der Welt Zwangsarbeit für die neue Kolonie leisten sollte. Das hat sich geändert. Zwar sollte man sich mit diesbezüglichen Bemerkungen bei Konversationen tunlichst zurückhalten, aber die Abstammung von dieser ersten Ladung Sträflinge gilt heutzutage als höchste Auszeichnung und kommt einem Ritterschlag gleich. Was anschließend geschah, ist ebenfalls kein gutes Thema für Cocktailabende. Denn die friedliche Lebensweise der in der Bucht seit Jahrtausenden ansässigen Ureinwohner des Volkes der Eora mit etwa 30 verschiedenen Stämmen verwandelte sich innerhalb weniger Jahre in einen Alptraum aus Krieg, Enteignung, Vertreibung, sozialen Umwälzungen und Krankheiten, der bis heute klaffende Wunden hinterlassen hat.

Auf ihrer weiteren Reise ans Kap der Guten Hoffnung hatte die »Sirius« eine weniger gute Fahrt und erlitt vor der Norfolk Insel Schiffbruch. Anker und Kanone des einst stolzen Schiffes wurden geborgen und stehen seit 1905, ganz ohne Meeresblick, mitten in Sydney herum.

Adresse 5A Macquarie Place, Sydney, NSW 2000 | **ÖPNV** Fähren F1 bis F9 und Züge T2, T3, T8, T9, Haltestelle Circular Quay | **Anfahrt** wenige kostenpflichtige Parkplätze auf der fußnahen Macquarie Street, Sydney, NSW 2000 | **Öffnungszeiten** immer zugänglich | **Tipp** Detailreiche Holzmodelle aller Flottenschiffe lassen sich im nahen Museum of Sydney bewundern, Bridge Street/Phillip Street, Sydney, NSW 2000, www.sydneylivingmuseums.com.au/museum-of-sydney.

4 Die ANSTO

Australiens einziger Atomreaktor

Sonnenstich und Haibiss sind in Australien bekannte Gefahren, aber immerhin muss man sich vor fatalen Atomunfällen nicht fürchten. Der Fünfte Kontinent besitzt kein einziges großes, der Stromerzeugung dienendes Atomkraftwerk. Spätestens seit die britische Regierung 1952 mehr oder weniger heimlich während der »Operation Hurricane« eine Kopie der amerikanischen Nagasaki-Bombe »Fat Man« vor einer der kleinen Montebello-Inseln an der Nordwestküste Australiens explodieren ließ, stehen die Australier mit der Spaltung der Teilchen auf Kriegsfuß. Auch in Maralinga und Emu Field in Südaustralien fanden Tests statt, die verseuchte Erde und Abertausende plötzlich heimatloser Aborigines hinterließen.

1970 stand die Regierung mit dem Bau eines Atomkraftwerks an der paradiesischen Jervis Bay an der Südküste von New South Wales bereits in den Startlöchern, doch nach massiven Protesten der Bevölkerung wurde auch das nie realisiert. Ganz am südlichen Ende von Sydney gelegen, beherbergt die Australian Nuclear Science and Technology Organisation (ANSTO) allerdings einen kleinen 20-Megawatt-Atomreaktor, mit dem nuklearmedizinische Vorgänge erforscht werden. Der Open Pool Australian Lightwater, ein Leichtwasserforschungsreaktor, produziert unter anderem Radioisotope zur Krebserkennung und -behandlung und Neutronenstrahlen für wichtige Grundlagenforschungen. Etwa 15.000 Besucher jährlich werden durch das Zentrum australischer Atomindustrie geschleust, dem ein Besucherzentrum angeschlossen ist. Im ANSTO Café lässt sich nach dem Besuch über Für und Wider der Atomenergie nachdenken. Wer noch Kraft und Geld hat, besucht den Souvenirshop des Zentrums. Denn wer könnte einem Strandtuch mit dem Aufdruck der periodischen Tabelle der Elemente oder dem Babystrampler mit der Aufschrift »Süßeste auf Kohlenstoff basierende Lebensform der Welt« schon widerstehen?

The West Australi[an]

No. 20,658. (Registered at the G.P.O., Perth, for transmission by post as a newspaper.) PERTH, SATURDAY, OCTOBER 4, 1952. TEL. B8161. 32 PAGES

RITAIN TESTS HER FIRST ATOM[IC] OMB OFF A. COAST

Cloud Billows High Over The Indian Oc[ean]

(FROM OUR SPECIAL OBSERVERS.)

POTTER, Friday.—With a brief -like flash, Britain's first atomic was exploded at 8 a.m. today in the ello Islands, off the north-west coast rn Australia.

sh was followed by a huge expanding ch reached a height of 12,000ft. within e minutes of the explosion. By that time out a mile across at its widest part.

h no official announcement has been s believed that the explosion was from a er at Flag Island or at Hermite Island—

Adresse New Illawarra Road, Lucas Heights, NSW 2234, 02 9717 7600, www.ansto.gov.au | ÖPNV Train South Coast Line und T4 bis Southerland Station, von dort weiter mit dem ANSTO Minibus (siehe Ausschilderung) | Anfahrt freies Parken auf dem Gelände | Öffnungszeiten Mo–Fr 9–17 Uhr, Führungen nur nach Anmeldung | Tipp Nur wenige Kilometer von der ANSTO entfernt beginnt der 16.000 Hektar große Royal National Park, 1879 gegründet und damit der zweitälteste Nationalpark der Welt. Alle Informationen für seinen Besuch unter www.nationalparks.nsw.gov.au.

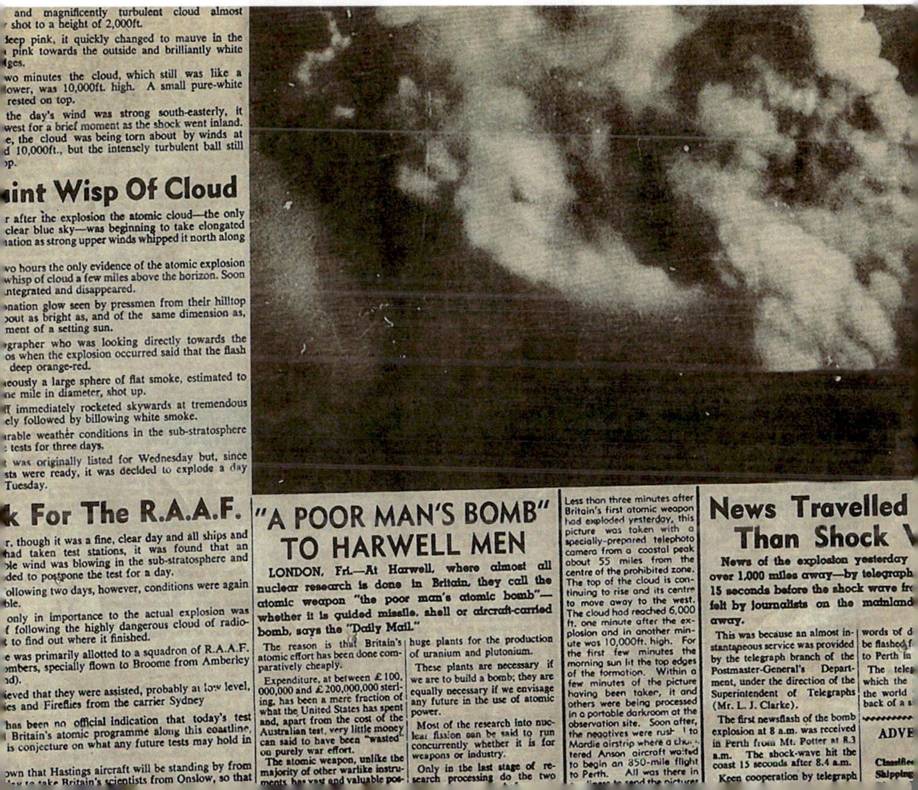
and magnificently turbulent cloud almost shot to a height of 2,000ft.

deep pink, it quickly changed to mauve in the pink towards the outside and brilliantly white dges.

wo minutes the cloud, which still was like a lower, was 10,000ft. high. A small pure-white rested on top.

the day's wind was strong south-easterly, it west for a brief moment as the shock went inland. e, the cloud was being torn about by winds at d 10,000ft., but the intensely turbulent ball still op.

aint Wisp Of Cloud

r after the explosion the atomic cloud—the only clear blue sky—was beginning to take elongated ation as strong upper winds whipped it north along

wo hours the only evidence of the atomic explosion whisp of cloud a few miles above the horizon. Soon ntegrated and disappeared.

nation glow seen by pressmen from their hilltop bout as bright as, and of the same dimension as, ment of a setting sun.

grapher who was looking directly towards the os when the explosion occurred said that the flash deep orange-red.

eously a large sphere of flat smoke, estimated to ne mile in diameter, shot up.

ff immediately rocketed skywards at tremendous ely followed by billowing white smoke.

rable weather conditions in the sub-stratosphere tests for three days.

was originally listed for Wednesday but, since sts were ready, it was decided to explode a day Tuesday.

k For The R.A.A.F.

r, though it was a fine, clear day and all ships and had taken test stations, it was found that an le wind was blowing in the sub-stratosphere and ded to postpone the test for a day.

ollowing two days, however, conditions were again ble.

only in importance to the actual explosion was f following the highly dangerous cloud of radio- to find out where it finished.

e was primarily allotted to a squadron of R.A.A.F. ombers, specially flown to Broome from Amberley nd).

ieved that they were assisted, probably at low level, ies and Fireflies from the carrier Sydney

has been no official indication that today's test Britain's atomic programme along this coastline, is conjecture on what any future tests may hold in

own that Hastings aircraft will be standing by from to take Britain's scientists from Onslow, so that

"A POOR MAN'S BOMB" TO HARWELL MEN

LONDON, Fri.—At Harwell, where almost all nuclear research is done in Britain, they call the atomic weapon "the poor man's atomic bomb"—whether it is guided missile, shell or aircraft-carried bomb, says the "Daily Mail."

The reason is that Britain's atomic effort has been done comparatively cheaply.

Expenditure, at between £100,000,000 and £200,000,000 sterling, has been a mere fraction of what the United States has spent and, apart from the cost of the Australian test, very little money can said to have been "wasted" on purely war effort.

The atomic weapon, unlike the majority of other warlike instruments has vast and valuable pos-

huge plants for the production of uranium and plutonium.

These plants are necessary if we are to build a bomb; they are equally necessary if we envisage any future in the use of atomic power.

Most of the research into nuclear fission can be said to run concurrently whether it is for weapons or industry.

Only in the last stage of research processing do the two

Less than three minutes after Britain's first atomic weapon had exploded yesterday, this picture was taken with a specially-prepared telephoto camera from a coastal peak about 55 miles from the centre of the prohibited zone. The top of the cloud is continuing to rise and its centre to move away to the west. The cloud had reached 6,000 ft. one minute after the explosion and in another minute was 10,000ft. high. For the first few minutes the morning sun lit the top edges of the formation. Within a few minutes of the picture having been taken, it and others were being processed in a portable darkroom at the observation site. Soon after, the negatives were rushed to Mardie airstrip where a chartered Anson aircraft waited to begin an 350-mile flight to Perth. All was there in

News Travelled Than Shock

News of the explosion yesterday over 1,000 miles away—by telegraph 15 seconds before the shock wave fr felt by journalists on the mainland away.

This was because an almost instantaneous service was provided by the telegraph branch of the Postmaster-General's Department, under the direction of the Superintendent of Telegraphs (Mr. L. J. Clarke).

The first newsflash of the bomb explosion at 8 a.m. was received in Perth from Mt. Potter at 8.3 a.m. The shock-wave hit the coast 15 seconds after 8.4 a.m.

Keen cooperation by telegraph

words of d be flashed f to Perth in

The teleg which the the world back of a s

ADVE

Classifie
Shipping

5 Der Austrian Club Sydney

Ein Prosit der Gemütlichkeit

Die Interieurs von Cafés und Restaurants in Sydney sind stets ein echter Augenschmaus. Sogar dort, wo der verbrannteste aller Avocadotoasts und der schlaffeste aller Kaffees serviert wird, überzeugt in der Regel wenigstens die Inneneinrichtung. Ein echtes Kontrastprogramm dazu bietet der versteckt im östlichen Vorort Frenchs Forest liegende Austrian Club. Das herzhafte und hausgemachte Essen schmeckt zünftig und gut, das frisch gezapfte Bier hat genau die richtige Temperatur. Die Ausstattung allerdings kommt der Kulisse eines österreichischen Heimatfilms der späten 1970er Jahre nahe.

Gegründet 1961 von österreichischen Einwanderern, bezog der Club 1980 das hallenartige Haus, dessen Inneres vor Wimpeln, Bergpanoramen, Spitzendeckchen und Plastiknelken nur so strotzt, während im Hintergrund Hansi Hinterseer ununterbrochen auf einer Leinwand singend über Alpenwiesen hüpft. Dennoch ist der Besuch des verpachteten Lokals, in dem die Mitglieder des Clubs unbezahlt am Wochenende mit anpacken, ein zutiefst lohnendes Erlebnis. Denn den Besucher, den schon am Eingang der Geruch von 40 Jahren Schnitzelfett und Bierschmand umweht, erwartet authentische alpenländische Gemütlichkeit.

Kaum ein anderer Ort der Stadt lässt einen so überzeugend vergessen, dass man sich in Australien befindet. Hier treffen sich nicht nur Expats aus Österreich, der Schweiz oder Deutschland weitab der Heimat, sondern auch deutschstämmige Australier in vielfacher Generation sowie viele Sydneysider mit Fernweh nach europäischer Skihütte und Oktoberfest. Schweinsbraten, Knödel, Gulasch oder Apfelstrudel werden nach Bezahlung am Tresen an den Tisch gebracht. Regelmäßige Ziehharmonikakonzerte, ein Fußball- und ein Schützenverein runden das Angebot des Clubs ab. Die eiserne Regel jedoch lautet: Wer Haxe essen möchte, sollte sofort nach Öffnung des Lokals bestellen.

Adresse 20 Grattan Crescent, Frenchs Forest, NSW 2086 | **ÖPNV** Bus 137, Haltestelle Grattan Cres opp Ararat Reserve | **Anfahrt** kostenlose Parkplätze vor dem Club | **Öffnungszeiten** Fr, Sa 18–22 Uhr (Küche schließt um 21 Uhr), So 12–20 Uhr (Küche schließt um 18 Uhr) | **Tipp** Nicht weniger urtümlich geht es im benachbarten Dutch Club Neerlandia (1 Grattan Crescent, Frenchs Forest, NSW 2086) oder dem tschechischen Club Sokol zu (16 Grattan Crescent, Frenchs Forest, NSW 2086).

6 Die Badu Mangroves

Mehr als Matsche

Bis in die 1990er Jahre galten Mangroven als notwendiges Übel an Australiens Küsten und Flussläufen. Tatsächlich gibt es schönere Anblicke als die wuchernden Wälder in tropischen Salzwassern. Ihr je nach Tageszeit ins Grauschwarze abgleitender Anblick weckt böse Assoziationen an Moorleichenfunde oder Schlammkatastrophen. Ebendieses unwirtliche Aussehen und die Undurchdringlichkeit der Wälder haben dazu geführt, dass der weltweite Bestand an Mangroven stark gefährdet ist. Dass die unattraktive Landschaft eine wesentliche Rolle in der Meeres- und Flussökologie spielt, wurde erst in den letzten Jahrzehnten erforscht und bekannt. Denn Mangrovenwälder gedeihen am besten, wo andere Baumarten sofort absterben würden, im sauerstoffarmen Schlamm, dem Wechsel der Gezeiten stetig ausgesetzt. Ihre wahre Schönheit besteht in der Rolle als gute Kinderstube vieler wichtiger Tierarten.

Für die ausgedehnten Mangrovenwälder im Herzen Sydneys kam diese Erkenntnis fast zu spät, standen inmitten von ihnen vor den Olympischen Spielen im Jahr 2000 doch Chemiefabriken und Müllverarbeitungsanlagen und verpesteten die Natur.

Sie alle mussten ihren Platz für einen ausgedehnten Olympic Park räumen, für den die Stadt viele der Mangroven renaturierte, um der Weltöffentlichkeit anschließend die »Green Games« zu präsentieren. Erholt haben sich das Gebiet und die anliegende Homebush Bay bis heute nicht vollständig. Fischen ist hier verboten, denn der Fang könnte verseucht sein. Nichtsdestotrotz haben sich wieder viele Tierarten in den Wäldern angesiedelt, die man vom ausgedehnten Stegsystem aus gut sehen kann. Vor allem vielen Vogelarten gefallen die dichten Mangroven. 180 Arten kann man beobachten, darunter gigantische Pelikane oder den mit bloßem Auge kaum zu sehenden knallblauen Türkisstaffelschwanz. Es empfiehlt sich die Mitnahme eines Fernglases.

Adresse Sydney Olympic Park, NSW 2127 | ÖPNV Busse 525, 526, 533, Haltestelle Australia Ave opp Figtree Dr | Anfahrt vom Bennelong Parkway in den Bicentennial Drive abbiegen, zwei Stunden kostenloses Parken auf dem ersten Parkplatz linker Hand | Öffnungszeiten immer zugänglich, keine nächtliche Beleuchtung | Tipp Viele der einstigen olympischen Stätten sind öffentlich zugänglich. Das Sydney Olympic Park Archery Centre (Bennelong Parkway, Sydney Olympic Park, NSW 2127) bietet Kurse im Bogenschießen an. Der BMX und Mountain Bike Track steht allen mit Schutzausrüstung ausgestatteten Fahrern frei zur Nutzung offen (Parking 5, Hill Road).

7 Balmoral Beach Billy

Hundeleben in Australien

Die Australier sind ganz versessen auf ihre Vierbeiner. Das Land hat eine der höchsten Haustierraten der Welt – auf rund 25 Millionen Menschen kommen fünf Millionen Hunde. Den Sydneysidern hat es vor allem jede nur erdenkliche Mischung mit dem Pudel angetan. Wo man geht und steht, ein lockiges Etwas ist mit Sicherheit in der Nähe, meist einigermaßen gut erzogen und freundlich. Auf die Rasse des Hundes angesprochen, wird die lustige Promenadenmischung oft stolz als besondere neue Züchtung angepriesen. Kehrseite der Heimtierlust ist die traurige Existenz Hunderttausender *backyard dogs*, die ihr Leben ausschließlich im Garten ihres Eigentümers fristen. Schlechter geht es allenfalls dem Windhund.

Da in Australien kommerzielle Hunderennen als Glücksspiel immer noch erlaubt und beliebt sind, kam es noch bis vor nicht langer Zeit zur jährlichen Tötung von bis zu 18.000 für das schnelle Laufen im Ring nicht geeigneter Greyhounds. Adoptionsprogramme haben zu einer leichten Senkung der brutalen Raten beigetragen, weshalb man auf den Straßen Sydneys häufig auf die sanften Riesen mit den traurigen Augen trifft. Von den meisten Australiern werden Hunde jedoch regelrecht verehrt. Kein Wunder, wäre doch die Geschichte des Landes ohne sie anders verlaufen.

Mit den Einwanderungswellen des 18. und 19. Jahrhunderts gelangten auch europäische Arbeitshunde auf den Roten Kontinent, bewachten die Schaf- und Rinderherden und leisteten einen wesentlichen Beitrag zur Entstehung der erfolgreichen australischen Woll- und Fleischindustrie. Auch Billy, dem am unbedingt sehenswerten, karibisch anmutenden Balmoral Beach seit 1980 eine Statue gewidmet ist, gehörte zu den wertgeschätzten Samtschnauzen. 17 Jahre lang begleitete er sein Herrchen, den Straßenkehrer Cliff Williams, bei dessen täglichen Runden an der Strandpromenade und wurde so zum Maskottchen. Als er starb, trauerte der ganze Bezirk.

Adresse Billy steht etwa auf Höhe von 55 The Esplanade, Balmoral Beach, Mosman, NSW 2088 im Park | **ÖPNV** Bus 246, Haltestelle Edwards St at Wyargine St oder Busse 114, 238, Haltestelle Raglan St at The Esplanade | **Anfahrt** kostenpflichtiges Parken an der Strandpromenade | **Öffnungszeiten** immer zugänglich | **Tipp** Einen belebenden Kaffee gibt es gleich neben der Statue im Kiosk des Bathers' Pavilion, einem Art-déco-Gebäude aus den 1920er Jahren mit einem der besonders pittoresk gelegenen Restaurants der Stadt (4 The Esplanade, Mosman, NSW 2088).

8 Banana Joe & Co

Kunst und Multikulti in Marrickville

Den alten Obstladen, für den diese Stahlskulptur einst geschaffen wurde, gibt es schon lange nicht mehr. Doch die liebenswerte Banane in der Hängematte entspannt sich weiterhin unter Palmen, inmitten des Trubels des multikulturellen Stadtteils Marrickville. Als die Supermarktkette darunter einzog, erklärte sie sich vertraglich dazu bereit, das einstige Wahrzeichen auch weiterhin zu hegen und zu pflegen.

Wer das Viertel erkundet, vor allem die zentrale Marrickville Road, wird auf mehr der bunten Kunstwerke stoßen, die größtenteils vom Queensländer Künstler Ces Camilleri stammen und zum Teil zur Olympiade 2000 installiert wurden. Händler, die etwas auf sich halten, stellen sich bis heute stolz die exzentrischen Auftragsarbeiten auf ihre Vordächer, wie der seit 1960 ansässige Friseurladen Fernando's (253 Marrickville Road).

Durch die Einwanderer entstand in Marrickville nach dem Zweiten Weltkrieg eine der vielfältigsten Gesellschaften in Australien. Der Zustrom vor allem nicht englischsprachiger Menschen, angelockt von Fabrikjobs und billigem Wohnraum, veränderte den Stadtteil innerhalb kürzester Zeit. Bis heute sind die Einflüsse der vielen griechischen, später vietnamesischen Familien allerorten spürbar, und die Mischung aus Restaurants in zweiter oder dritter Generation und allen nur erdenklichen Läden in dieser Form und Fülle ist einzigartig.

Das gefällt auch den Mitgliedern der alternativen Kunst- und Musikszene, die in vielen kleinen Galerien und Kulturräumen ihre Arbeiten präsentieren, darunter Factory 49, die seit 2006 gegenstandslose und reduziert abstrakte Kunst zeigt (49 Shepherd Street, Marrickville, www.factory49.com.au), oder Join-The-Dots, ein neuer Künstlerzusammenschluss mit Galerie, untergebracht in einer der großen ehemaligen Lagerhallen des Bezirks (102 Victoria Road, Marrickville, www.jointhedotsworkshop.com.au).

Adresse 258 Illawarra Road, Marrickville, NSW 2204 | ÖPNV Züge T2 und T3, Haltestelle Marrickville, Busse 418, 423, 425 und 425, Haltestelle Marrickville Rd before Illawarra Rd | Anfahrt zweistündiges kostenfreies Parken in vielen Nebenstraßen | Öffnungszeiten immer zugänglich | Tipp Wer hungrig wird, gönnt sich eines der typisch vietnamesischen belegten Brötchen Bánh mì, beispielsweise bei Alex 'N' Rolls (321 Illawarra Road) oder Pork Rolls (236 Illawarra Road).

9 Das Barrenjoey Head Lighthouse

Dem Nachthimmel so nah

Schon mal von Lichtverschmutzung gehört? So nennt man die dauernde Abwesenheit völliger Dunkelheit und Aufhellung des Nachthimmels durch künstliche Lichtquellen, die dem menschlichen Körper auf Dauer ebenso schaden können wie Abgase oder Umweltgifte. Am nördlichsten Küstenpunkt Sydneys braucht man sich diesbezüglich nicht zu sorgen. Hier ist es so dunkel, dass die Forscher der Macquarie University das Gebiet zu einem Lichtschutzgebiet ausrufen möchten. Bei klarem Nachthimmel kann man vom höchsten Punkt aus Sterne in einer Fülle sehen, deren Existenz man bisher nicht einmal erahnte. Wenn die Sonne dann spektakulär wieder aufgegangen ist, lassen sich von Mai bis September wunderbar Wale beobachten, denn die Hauptströmung des Pazifiks, der sogenannte »Pacific Highway«, führt nur wenige hundert Meter an der Küste vorbei. Das Fernglas für die Beobachtung der großen Meeressäuger gehört also unbedingt ins Tourgepäck.

Die Landzunge wurde 1788 von Arthur Phillip, dem ersten Gouverneur Australiens, als Barrenjuee bezeichnet, dem Namen der Einheimischen für die hier damals noch zahlreich vorhandenen kleinen Wallabys. Der ausschließlich aus örtlichem Sandstein erbaute Leuchtturm entstand 1881. Damals wurde die landeinwärts liegende Einfahrt zum Hawkesbury River noch exzessiv für den Transport landwirtschaftlicher Produkte genutzt. Wer zum Leuchtturm gehen möchte, läuft am Ende des letzten Parkplatzes links am Strand entlang bis zum Häuschen des Rangers. Hier hat man die Wahl zwischen einem bequemen Fahrweg linker Hand oder rechts dem steilen Schmugglerpfad mit phänomenalen Panoramablicken auf die Landzunge und den reichsten Vorort Australiens. Palm Beach wird umgangssprachlich auch »Palmy« genannt und ist als Filmschauplatz der seit 1988 ununterbrochen ausgestrahlten australischen TV-Seifenoper »Home and Away« jedem Aussie wohlbekannt.

Adresse Barrenjoey Track, Palm Beach, NSW 2108 | ÖPNV Bus L90, Haltestelle Barrenjoey Head | Anfahrt bezahlte Parkplätze auf dem Governor Phillip Carpark (Beach Road, Palm Beach, NSW 2108) | Öffnungszeiten immer zugänglich, nachts nicht beleuchtet; für den Aufstieg sind geschlossene Schuhe, Sonnenhut und Trinkwasser zu empfehlen | Tipp Der private, in den 1960er Jahren von einem Anwohner zur Kontemplation erbaute Bible Garden am gegenüberliegenden Ende des Sandstrandes beherbergt biblische Pflanzen und lädt Anhänger aller Religionen dazu ein, in sich zu gehen und die spektakuläre Aussicht auf den Leuchtturm zu genießen (6a Mitchell Road, Palm Beach, NSW 2108).

10 The Basin

Auf Augenhöhe mit den Biestern

Vieles, was Australiens Tierwelt zu bieten hat, gibt es auf The Basin an nur einem Ort und in freier Wildbahn live zu erleben. Die übersichtliche Halbinsel mit ihrer paradiesischen Lagune am nördlichsten Ende von Sydney ist nur mit dem eigenen Boot oder der Fähre zu erreichen. Zwar sollte man wegen der beschwerlichen Anreise einen ganzen Tag für ihren Besuch einplanen, belohnt wird man für die Mühe jedoch mit australischer Ferienstimmung und echtem Abenteuer. Vom kleinen Anleger in Palm Beach benötigt die pittoreske Bootsfähre 20 Minuten bis zum hölzernen Anlegesteg der Halbinsel mitten im Nationalpark. Hier steht schon der Ranger bereit, um eine geringe Eintrittsgebühr zu kassieren und alle Fragen zu beantworten.

Anschließend lassen sich aus nächster Nähe Wallabys, die kleinen Verwandten der Kängurus, gigantische Echsen, Pelikane und allerlei andere Vögel beobachten. In der durch einen schmalen Zugang mit Meerwasser versorgten, geschützten Lagune kann man auch bestens schwimmen und schnorcheln. Es gibt vielerlei Fische, Seepferdchen und kleine Stachelrochen sind keine Seltenheit, weshalb Wasserschuhe oder Flipflops nützlich sind. Eine große Umkleidekabine mit Duschen steht hinter dem Haus des Rangers, ebenso eine Speiseeisvitrine. An schönen Tagen ist ein Bootsverleih geöffnet mit Stehpaddelboards und Kanus für die Erkundung der verwunschenen Teile der Lagune. Die nur vom Wasser aus zu erreichenden Felsen und Wälder rund um das Bassin lassen ahnen, welche Bedeutung der Ort einst für die indigene Bevölkerung hatte, deren Felszeichnungen es auf den Höhen des Bergkamms zu Hunderten gibt. Bevor hier wochenends Familien mit Picknickkörben einfielen, lebten, fischten und jagten die Stammesmitglieder der Gadigal in diesen Landschaften – und das seit mindestens 7.000 Jahren, wie neueste Forschungen ergaben.

Adresse The Basin Picnic Area, Ku-ring-gai Chase National Park | **ÖPNV** Buslinien 199 und 190X, Haltestelle Palm Beach Wharf; die Fähre nach The Basin verkehrt stündlich 9–17 Uhr | **Anfahrt** kostenpflichtige Parkplätze am Palm Beach Wharf; Übernachtungsgäste parken kostenfrei an den Careel Bay Playing Fields (Barrenjoey Road, Avalon Beach, NSW 2107) und nehmen die Buslinie 199 zum Fähranleger | **Öffnungszeiten** täglich von Sonnenaufgang bis Sonnenuntergang, Eintritt 3 AUD Erwachsene, 2 AUD Kinder, bar beim Betreten | **Tipp** Wem An- und Abreise an nur einem Tag zu hektisch ist, kann auf dem kleinen Stück Land zwischen Lagune und Pittwater auf dem Zeltplatz des Nationalparks wildromantisch übernachten. Zelt- und Lebensmittelpakete lassen sich über die nachhaltig arbeitende Agentur Ecotreasures buchen (www.ecotreasures.com.au).

11 Die Berliner Mauer

Weit gereistes Mahnmal für den Frieden

Bevor sie 1989 eingerissen wurde, trennte die Berliner Mauer fast 30 Jahre lang vermeintliche Feinde, vor allem aber Familien und Freunde voneinander. Als Mahnmal gegen das Vergessen reisten ihre legendären Bruchstücke anschließend überall in die Welt, auch nach Australien. Aber nachdem der deutsche Geschäftsmann Peter Kubiak dieses Stück kurz nach der Wende erworben und an seinen neuen Wohnort Sydney hatte schiffen lassen, geriet es bald in Vergessenheit. Denn wo er den immerhin drei Tonnen schweren Koloss mit der Graffiti-Aufschrift »Jeder Hat Kraft« eigentlich aufstellen sollte, wusste Kubiak nicht so recht – so brachte er es zunächst in einer Lagerhalle im Westen Sydneys unter. Als Kubiak 2013 starb, nahm er seine Geschichte über das Stück deutsch-deutsche Geschichte mit ins Grab.

Ein Freund des Lagerhallenbesitzers kam eines Tages auf die Idee, Fotos vom ominösen Mauersegment im Internet zu veröffentlichen. Und so wurde die damalige Direktorin des Goethe-Instituts Sydney, Sonja Griegoschewski, darauf aufmerksam. Das Institut gehört zu einem der über 150 offiziellen Kulturinstitute Deutschlands, die die Kenntnis der deutschen Sprache im Ausland und kulturelle Zusammenarbeit der jeweiligen Länder pflegen. Für Griegoschewski, die selbst in Berlin groß wurde und den friedlichen Fall der Mauer miterlebt hatte, war klar, dass sie das Stück im Institutsgarten für die Allgemeinheit bewahren wollte. Der in Sydney ansässige deutschstämmige Logistikunternehmer Christian Harders half ihr mit seinem Equipment dabei, den Steinkoloss 40 Kilometer durch die Stadt zu transportieren, wo er im Stadtteil Woollahra zum 30. Jubiläumstag des Falls der Mauer 2019 enthüllt wurde und seither frei zu bewundern ist. Übrigens gibt es nur zwei Stücke, die noch weiter gereist sind als das blaue Monster mit den Reißzähnen. Sie stehen im neuseeländischen Christchurch.

Adresse Garten des Goethe-Instituts, 90 Ocean Street, Woollahra, NSW 2025 | **ÖPNV** Busse 200, 328, Haltestelle Ocean St before Jersey Rd | **Anfahrt** kostenfreie Parkplätze auf der Ocean Street | **Öffnungszeiten** Mo–Do 9–17 Uhr, Fr 9–15 Uhr, von außerhalb des Zaunes immer zu betrachten | **Tipp** Woollahra gehört zu den reichsten Bezirken Sydneys. Die nahe Bucht Double Bay wird auch »Double Pay« genannt. Wem das trubelige Strandleben zu viel ist, wandert zum versteckten Redleaf Beach und ruht sich auf dem schwimmenden Ponton aus (Höhe 536 New South Head Road, Double Bay, NSW 2028).

12 Das Bismarck House

Neue Architektur in Bondi

Bondi, oh Bondi! Australiens berühmtester Strand nimmt eine Sonderstellung ein. Nicht erst, seit man ihn 2008 in die Liste des nationalen Kulturerbes aufnahm, gilt er als Sehnsuchtsort von Touristen wie von Einheimischen. Bondi Beach, dessen Name in der Sprache der Aborigines so viel bedeutet wie »Wasser, das über Steinen bricht«, begrüßt zu Normalzeiten jährlich über zwei Millionen internationale Besucher. Mögen viele der über 100 Strände Sydneys auch weitaus pittoresker und vor allem ungefährlicher sein, auf die allsommerliche Überfüllung des rund einen Kilometer langen goldgelben Sandstreifens in Bondi ist Verlass.

Ruhiger geht es in den Seitenstraßen des Viertels zu. Doch hier herrscht Bewegung anderer Art: Je näher am Wasser gelegen, desto heftiger stiegen in den vergangenen Jahren die Preise für Immobilien. Viele der schmalen, einfachen Häuser der ursprünglichen Bewohner aus der Arbeiterklasse wechselten zu horrenden Preisen ihre Eigentümer und wurden durch Experimente junger Architekturbüros ersetzt.

Eines der aufsehenerregendsten Beispiele ist das Bismarck House von Andrew Burges Architects. Hinter den ehemaligen Ziegelbau, dessen Fassade zur Hauptstraße erhalten blieb, setzte das Büro eine lebendig geschwungene Aluminiumkonstruktion, die sich zur engen Seitengasse hin in einen Garten des Hausherrn und Landschaftsarchitekten Will Dangar öffnet und den Bewohnern des Hauses erstmals ermöglicht, von Sonne, Luft und Seebrise zu profitieren. Verschiebbare Holzlamellen vor großen Panoramafenstern erweitern den knappen Wohnraum zusätzlich zur schmalen Gasse neben dem Haus hin. Die recycelten Ziegel aus dem Abriss des ursprünglichen Gebäudes wurden zum Bau einer Mauer genutzt, hinter der nun eine blühende Sukkulentensammlung wächst, gekrönt von der zentralen stolzen Bismarckpalme, die dem Haus seinen Namen gab.

Adresse 36 Denham Street, Bondi, NSW 2026 | ÖPNV Bus 381, Haltestelle Denham St before Fletcher St | Anfahrt kostenpflichtiges Parken in der Denham Street | Öffnungszeiten immer von außen zu betrachten, das Haus lässt sich anmieten über www.bismarckhouse.com.au | Tipp Weitere spannende Architekturstücke in der Nähe sind das North Bondi House von James Garvin Architecture (5 Midelton Avenue, North Bondi, NSW 2026) oder das Living Screen House von CplusC Architectural Workshop (18 Wallis Parade, North Bondi, NSW 2026).

13 Die Black Star Pastry

Beim meistfotografierten Kuchen der Welt

Wie überall in Sydney, wo es kulinarisch Außerordentliches gibt, muss man bei Christopher Thé und seiner »Black Star Pastry« oft Schlange stehen. Für seinen »elephant in the room«, eine nach Rosen duftende Erdbeer-Melonen-Schnitte, reisen Tortenliebhaber aus dem ganzen Land an. Über Geschmack lässt sich bekanntlich streiten, über Internettauglichkeit auf keinen Fall: Die New York Times kürte die ansehnliche Kreation zum »world's most instagrammable cake« und verpasste ihr damit den Ritterschlag in den Augen aller Digital Natives. Kein Wunder, dass Selfmademan Thé für die Produktion pro Woche mal ganze drei Tonnen Wassermelonen benötigte.

Auch wenn er noch weitere Kreationen ersonnen und das Backen längst anderen überlassen hat, die Melonenschnitte bleibt der Renner. In einem der mittlerweile vier Cafés zur Torte kann man auch nachmittags noch seinen Mokka schlürfen. Keine Selbstverständlichkeit in Sydney, wo man ab spätestens mittags Probleme haben kann, noch ein offenes Café zu finden.

Zwar entwickelte sich die hiesige Kaffeekultur während des Einwanderungsbooms der Nachkriegszeit aus den Lokalen griechischer und italienischer Migranten, anders als die zu jeder Tages- und Nachtzeit die braune Brühe schlemmenden Europäer genießt der Australier seinen Kaffee aber vorzugsweise in den Vormittagsstunden. Doch auch der halbe Tag reicht schon dazu aus, Kaffeekonsum als landesweite Obsession zu betreiben. In den 1980ern setzte er sich gegen die englische Tee-Tradition durch, in den letzten zehn Jahren haben sich die Kaffeeimporte mehr als verdoppelt. Wichtiger Teil der kulturellen Identität Australiens ist dabei der Flat White, eine Art Neuinterpretation des Cappuccino mit mehr Kaffee und erheblich feinerem Schaum. Ob im Luxushotel oder an der Strandbude, sein nahezu sozialistischer Einheitspreis beträgt immer etwa vier Dollar.

Adresse Das Stammhaus von »Black Star Pastry« befindet sich im Stadtteil Newtown, 1/325 King Street, Newtown, NSW 2042, www.blackstarpastry.com.au. | **ÖPNV** Bahnen T2 und T3, Haltestelle Newtown | **Anfahrt** kostenpflichtiges Parken in den Nebenstraßen | **Öffnungszeiten** Mo–So 8–16.30 Uhr | **Tipp** An Neuinterpretationen der australischen Gebäckikone »Lamington«, einem mit Schokolade und Kokosraspeln versehenen Rührteigwürfel, versucht sich ein ehemaliger Mitarbeiter von Christopher Thé gleich nebenan unter dem Namen Tokyo Lamington (277 Australia Street, Newtown, NSW 2042, täglich 7–15 Uhr).

14_Das Blacktown Arts Centre

Überleben mit Kunst

Häusliche Gewalt, Drogenmissbrauch und Autodiebstahl – diese Statistiken führt der im äußersten Westen Sydneys gelegene Stadtteil Blacktown regelmäßig an. Seine über 300.000 Einwohner stammen aus aller Welt. Für viele hier sind die Versprechen des sich gerne »The Lucky Country« nennenden Kontinents nicht in Erfüllung gegangen. Armut und Verwahrlosung gibt es auch in der glänzenden Weltmetropole Sydney.

Einem bösen Omen gleich begann die Geschichte von Blacktown bereits mit einer grauenhaften Einrichtung. Die 1823 errichtete Native Institution zielte darauf ab, aus ihren Familien entfernte Aborigine- und Maorikinder »zu zivilisieren«, ihnen europäische Kultur und Werte aufzuzwingen, um sie so von ihren eigenen Wurzeln zu entfremden. Das Umerziehungsheim war eines der frühesten Beispiele für Kolonialpraktiken, hier waren die Kinder betroffen, die heute mit dem Begriff »Stolen Generation« umschrieben werden. Die indigenen Familien wollten sich mit der Verschleppung allerdings nicht abfinden, campten monatelang neben dem Gebäude und sangen zur Unterstützung abends Lieder zu ihren Liebsten hinüber. Es entstand eine Art Dorf, das »The Blacks Town« genannt wurde und auch nach der Auflösung der Native Institution 1829 bestehen blieb. Das Umerziehungsheim wurde abgerissen, doch bis heute leben in Blacktown etwa 8.000 Menschen australisch-indigenen Ursprungs. Das Leo Kelly Blacktown Arts Centre im Epizentrum des Stadtteils bietet seit 2002 ein kuratiertes Programm aus Ausstellungen, Performances, Workshops, Kunstpreisen und Veranstaltungen, in denen sich die Geschichten seiner Bewohner widerspiegeln. Aufstrebenden Künstlern mit indigenem Hintergrund wird hier ebenso Raum gegeben wie den zahlreichen jungen Künstlern mit Migrationshintergrund, die den dynamischen Teil Sydneys abseits von Jugendkriminalität und Sucht prägen.

Adresse 78 Flushcombe Road, Blacktown, NSW 2148, Tel. +61/2/98396558, www.blacktownarts.com.au. | **ÖPNV** Train 2, Haltestelle Blacktown Station, Busse 611, 630, 700, 702, 721, 722, 800, Haltestelle Newton Rd opp Blacktown Seventh Day Adventist Church | **Anfahrt** kostenpflichtige Parkplätze neben dem Gebäude oder bis zu zwei Stunden kostenlos in der Einkaufsmall gegenüber | **Öffnungszeiten** Di–Sa 10–17 Uhr, Eintritt kostenlos | **Tipp** Der nahe Park »Nurragingy Reserve« war 1819 das erste Stück Land Australiens, das seinen indigenen Besitzern offiziell zur Nutzung zurückgegeben wurde. Es beherbergt heute unter anderem den Aboriginal Heritage Garden mit Baumschnitzereien und Sandsteinskulpturen (Knox Road, Doonside, NSW 2767).

15 Das Bondi Lifesaver Memorial

Schwimmen nur zwischen den Flaggen

Während sich Touristen beim Baden vor Haien fürchten, wissen die Australier ganz genau, dass der Pazifik viel reellere Gefahren birgt. Denn *rips*, schmale, starke Wasserströmungen, die sich vom Ufer wegbewegen und die Wellenlinien durchbrechen wie ein reißender Fluss, fordern jedes Jahr an den Stränden deutlich mehr Tote als bissige Fische. Ebenso gefürchtet sind *freak waves*, die ohne jede Vorwarnung in Küstennähe entstehen und Wasserliebhabern ausgesprochen gefährlich werden können. Wie am 6. Februar 1938, als an einem heißen Badetag mir nichts, dir nichts sechs solcher Monsterwellen an den mit Menschen überfüllten Strand von Bondi rauschten und über 250 Badende mit sich in den Ozean rissen. Nur weil zufällig zum selben Zeitpunkt ein Wettbewerb des örtlichen Surf Life Saving Clubs mit mehr als 70 Rettungsschwimmern stattfand, waren am Ende des als »Black Sunday« in die Geschichte Sydneys eingegangenen Tages nur fünf Badegäste ertrunken. Spätestens seitdem gehören an nahezu jedem Strand Sydneys die Surf Life Saver zu den Heldenfiguren der Gesellschaft. Am legendären Strand von Bondi werden sie für die erfolgreiche TV-Doku »Bondi Rescue« sogar regelmäßig gefilmt. Hier steht auch eine Bronzeskulptur der Künstlerin Diana Webber, die all jenen Lebensrettern gedenkt, die seit der Gründung der Freiwilligenorganisation Surf Life Saving Australia (SLSA) im Jahr 1907 mehr als 600.000 Menschen aus dem Wasser zogen. Der unbekannte Drahtige mit dem entschlossenen Blick ist an das heute nicht mehr eingesetzte *life saving reel* angebunden, eine australische Erfindung, mit der ein Lebensretter im Einsatz von den Kollegen an den Strand zurückgezogen werden konnte. Boote und Jetskis haben die rostigen Winden ersetzt. Trotzdem gilt nach wie vor: Wo die braun gebrannten Damen und Herren in Rot-Gelb zwischen den Flaggen nicht patrouillieren, geht man besser nicht ins Wasser.

Adresse Die Skulptur steht auf dem Streifen zwischen Strand und Bondi Pavilion, 63A Wairoa Avenue, Bondi Beach, NSW 2026. | **ÖPNV** Busse 362 und 380, Haltestelle Campbell Pde Stand C oder Stand A | **Anfahrt** kostenpflichtige Parkplätze am Strand von Bondi | **Öffnungszeiten** immer zugänglich | **Tipp** Wem der Strand von Bondi zu quirlig wird, kehrt ein zu echt nordischer Gemütlichkeit bei Fika Swedish Kitchen mit den hausgemachten Zimtschnecken dreier befreundeter schwedischer Einwandererinnen (45 Gould Street, Bondi Beach, NSW 2026).

16 Der Brickpit Ring Walk

Frosch schlägt Olympia

Wenige Veranstaltungen haben die Stadt so geprägt wie die Olympischen Sommerspiele 2000, die während eines wolkenlosen Sommers für 17 Tage in Sydney stattfanden. Nicht umsonst erklärte der damalige Präsident des Internationalen Olympischen Komitees, Juan Antonio Samaranch, sie zu den »besten Spielen aller Zeiten«. Als die indigen-australische Läuferin Cathy Freeman ihren Rekord über 400 Meter lief, bebte eine ganze Nation. Hier stieß nicht nur ein dänischer Prinz auf seine künftige tasmanische Ehefrau, spätestens jetzt wurde die ganze Welt auch gewahr, welch außergewöhnlich schöne Stadt sich da am anderen Ende der Welt versteckte, sodass Sydneys Immobilienpreise anschließend unnachgiebig in die Höhe schnellten.

Auf einem ehemaligen Industriegelände im Westen von Sydney war bereits zuvor eine immense Erholungsfläche entstanden; auch das Gelände eines ehemaligen Ziegelwerks aus den 1920er Jahren hätte man damals gerne integriert. Wäre da nicht die Sache mit dem grün-goldenen Glockenfrosch passiert. Denn ihn und seine Familie fand man kurz vor Baubeginn auf dem auserkorenen Gebiet, was das Aus für alle Pläne bedeutete. Schließlich ist das kleine Wesen ein endemisches, vom Aussterben bedrohtes Reptil. Kurzerhand wurde das Areal zum Froschhabitat erklärt und den quakenden Hüpfern für ihr wildes Leben übereignet. Erst 2015 wurde sein Reich der Allgemeinheit zugänglich gemacht. Seither führt ein 500 Meter langer Stelzensteg über den Teich. Seine schwindelerregende Höhe von 18 Meter ist zur Beobachtung der kleinen Frösche nicht recht geeignet, dafür informieren viele Schautafeln über die Geschichte des Ziegelwerks und den Glockenfrosch im Allgemeinen. Auf etwa 1.000 Stück ist die Population mittlerweile angewachsen und damit der ganze Stolz der örtlichen Naturschützer. Wer unter Höhenangst leidet, sollte auf den Gang über das Stelzenwerk trotzdem verzichten.

Adresse Eingänge auf der Australia Avenue oder dem Marjorie Jackson Parkway, Sydney Olympic Park, NSW 2127 | **ÖPNV** Busse 525, 526 und 533, Haltestelle Olympic Park Station, Park St, Bahnlinie T7, Haltestelle Olympic Park | **Anfahrt** kostenloses Parken am Marjorie Jackson Parkway (Zeitlimit beachten) | **Öffnungszeiten** Mo–So 6–18 Uhr | **Tipp** Biotope der besonderen Art sind auch die 15 Minuten zu Fuß entfernt liegenden Schiffswracks in der Homebush Bay, die mit Mangroven bewachsen sind. Den Haslams Creek über den Bennelong Parkway überqueren und dahinter sofort rechts in den Weg einbiegen, der am Ufer entlangführt. Hinter der Linkskurve liegt das erste Wrack rechts im Wasser (Wentworth Point, NSW 2127).

17_Brooklyn Boy Bagels

Aus Sehnsucht nach dem Kringel

Als der Gastronomiekritiker Michael Shafran um die Jahrtausendwende von New York nach Sydney kam, fehlte ihm zunächst nicht viel. Das sonnige neue Arbeiten in Strandnähe kam ihm himmlisch vor. Doch je länger Michael die Cafés und Bars der Stadt als Journalist unter die Lupe nahm, desto mehr wurde er eines offenbaren Mankos der örtlichen Gastronomieszene gewahr. Warum nur gab es keine echten Bagel in Sydney? Ab und an begegneten ihm zwar klumpige Brotreifen, die zu Unrecht diesen Namen trugen, doch der echte, einzig wahre, nach alter polnisch-jüdischer Tradition seines Elternhauses zunächst in Wasser gekochte Teigkringel mit goldener Kruste war nirgends aufzutun. Nicht einmal in den blühenden jüdischen Gemeinden Sydneys, die sich vor allem in den Vororten von Vaucluse über Randwick, Bondi und Double Bay bis nach Darlinghurst und East Sydney angesiedelt haben, stieß er auf seinen Ansprüchen genügende Backwaren. Also beschloss er kurzerhand, eigene Exemplare herzustellen, denn was ist ein Leben im Paradies ohne Bagel schon wert?

Was als kleiner Stand auf einem lokalen Markt in Sydney begann, sprach sich bald herum und wurde zum Erfolg. Heute verkauft Michael auf zwölf Märkten der Stadt und beliefert zahlreiche Läden und Cafés mit den Brooklyn Boy Bagels. Seine neueste Idee ist ein kleines, seiner Backstube im Industriegebiet von Marrickville angeschlossenes Café.

Wenn sich am Morgen das große Rolltor des neonrot angestrichenen Gebäudes öffnet, haben die Bäcker bereits seit Stunden fleißig gewerkelt. Die Herstellung der Bagel, die innen explizit zäh sein müssen, dauert vom Mischen des Teiges über dessen Fermentation bis zum Kochen und Ausbacken zum runden Meisterwerk ganze zwei Tage. Ob man anschließend mit einem Pumpernickel-, Zwiebel-, Kürbis-, Blaubeer- oder Regenbogenbagel glücklich wird, bleibt einem selbst überlassen.

Adresse 19 Carrington Road, Marrickville, NSW 2204 | **ÖPNV** Bahn T2 und T3, Haltestelle Marrickville | **Anfahrt** kostenloses Parken vor dem Café und am Straßenrand | **Öffnungszeiten** Mo–So 7–13.30 Uhr | **Tipp** Wer keine klebrigen Finger hat, kann im Anschluss in der gegenüberliegenden, schreiend bunten Lagerhalle des Event- und Filmausstatters Sydney Prop Specialists frei stöbern. Alle Objekte, Kulissen und Kostüme sind ausleihbar (16 Carrington Road, Marrickville, NSW 2204).

18 Die Bundeena Ferry

Alte Liebe rostet nicht

Die Bundeena Ferry ist die älteste ununterbrochen operierende Fährverbindung Australiens. Seit sie 1939 ihren Betrieb aufgenommen hat, darf sie jährlich nur zwei Wochen lang für Reparaturarbeiten ruhen und transportiert sonst brav bis zu 200.000 Passagiere von Cronulla zum Küsten- und Kunstlerörtchen Bundeena am Eingang zum Royal National Park. Als es noch keine Straßenverbindung dorthin gab, war sie gar die einzige Verbindung nach Sydney.

Einwohner und Schulkinder aus Bundeena nutzen den Service bis heute. Daneben bevölkern vor allem Ausflügler das nach dem Aboriginal-Wort für rosafarbene Muschel benannte Fährschiff »Curranulla«, das allerdings knallig grün und gelb dahergeschippert kommt. Jede Stunde einmal überquert es sommers wie winters Port Hacking, das Mündungsdelta des Flusses Hacking. Ist man nach der gemütlichen, rund 30 Minuten langen Überfahrt erst einmal hinüber nach Bundeena gelangt, muss man sich zwischen dem Baden im seichten türkisfarbenen Wasser des Horderns Beach direkt am Anleger und der Erkundung des Nationalparks entscheiden, der gleich hinter dem Örtchen beginnt.

Dass er der zweitälteste der Welt ist, gleich nach Yellowstone in den USA, weiß kaum jemand. Als John Robertson, damaliger Premierminister von New South Wales, 1879 auf die Idee kam, dass Gebiet unter Schutz zu stellen, tat er das vor allem wegen der dort zahlreichen Kohlevorkommen. Geschützt wurden fortan aber auch die sechs Hauptvegetationen auf einem Gebiet von fast 15.000 Hektar: Regenwald, Küstenheide, Eukalyptuswald, Graswald, Süßwasserfeuchtgebiete und Salzwasserfeuchtgebiete lassen sich erkunden, wenn man denn genug Zeit mitbringt, das Gebiet ist naturgemäß weitläufig. Am besten, man übernachtet in einem der kleinen Cottages oder einer der Pensionen in Bundeena und tuckert erst ein paar Tage später wieder Richtung Sydney.

Adresse Die Bundeena Ferry startet an der Cronulla Wharf, Cronulla, NSW 2230. | ÖPNV Zug T4, Haltestelle Cronulla Railway Station, Busse 1T4, 6AT4, 971, 987, 988 und N11, Haltestelle Cronulla Station | Anfahrt kostenfreies Parken in der Taloombi Street, Cronulla, NSW 2230 (Fußweg circa zehn Minuten zur Wharf) | Öffnungszeiten Fahrzeiten: Mo–Fr 6.30–18.30 Uhr, Sa, So 8.30–18.30 Uhr (variiert im Winter, siehe www.cronullaferries.com.au) | Tipp Mit einem Stand-up-Paddle-Board (SUP) lässt sich Port Hacking vom Wasser aus erkunden. Verleih (25 AUD/Stunde) über Bundeena Kayak, Bonnie Vale Picnic Grounds, Sea Breeze Lane, Bundeena, NSW 2230 (www.bundeenakayaks.com.au).

19_Die Cabbage Tree Bay

Am kleinen Great Barrier Reef

Auf der Australienkarte sind es nur wenige Zentimeter von Sydney bis zum berühmten Great Barrier Reef, der größten Ansammlung zusammenhängender Korallenriffe der Erde. Doch zwischen Sydneys Oper und dem Beginn des großen Riffs liegen ganze 1.200 Kilometer. Wie gut, dass die Stadt ihr eigenes Tauchparadies hat, das 20 Hektar große Cabbage Tree Bay Aquatic Reserve im Vorort Manly. Der hier entstandene Mikrokosmos kann mit der schillernden Welt des sterbenden Riffs an der Nordostküste Australiens mithalten. Denn die Bucht besitzt mit dem Shelly Beach einen von nur zwei nach Westen ausgerichteten Meeresstränden an der Ostküste Australiens und beheimatet daher mehr als 400 Arten von Meereslebewesen.

Seit das Gebiet 2002 zum streng geschützten Wasserreservat erklärt wurde, hat die Vielfalt des marinen Lebensraumes massiv zugenommen, was das Tauchen zu einem magischen Erlebnis macht. Wer sich ins Wasser begibt, begegnet mit Sicherheit allen Arten von Riffhaien, Schwärmen von Riesentintenfischen, Stachelrochen und vielen anderen schillernden Arten. Ganz Glückliche haben hier schon Meeresschildkröten, Delphine und Seelöwen gesehen. Auch Kinder können hier nach dem Spiel am feinen Sandstrand in Begleitung Erwachsener ohne Probleme ihre ersten Schnorchelgänge unternehmen, da die Bucht vor starken Strömungen und hohen Wellen geschützt ist. In Acht nehmen sollte man sich allerdings jeden Morgen gegen sieben vor kraftvoll kreuzenden Hochseeschwimmern. Die Mitglieder des am nahen Manly Beach startenden offenen Schwimmfreundeskreises »Bold and Beautiful Swim Squad Sydney« trainieren zu allen Jahreszeiten und kraulen energiegeladen mit ihren rosafarbenen Schwimmkappen durch die Bucht. Ein Schauspiel, dem man besser nicht zu nahe kommt, es sei denn, man macht einfach mit – Neulinge sind eingeladen, die rund anderthalb Kilometer lange Strecke mitzuschwimmen.

Adresse 1 Bower Lane, Manly, NSW 2095 | **ÖPNV** Manly Ferry, Haltestelle Manly Wharf, Busse 135, 136, 144 und 199 nach Manly, Haltestelle Manly Wharf, weiter zu Fuß | **Anfahrt** großer kostenpflichtiger Parkplatz am Ende der Bower Street Richtung Shelly Head Lookout; das Parken in Manly ist stark reglementiert, auf Schilder achten, es droht Abschleppen | **Öffnungszeiten** Immer zugänglich. Wie überall in Australien empfiehlt es sich, das Wasser bei Anbruch der Dämmerung zu verlassen. | **Tipp** Im Café und Restaurant »The Boat House« am nahen Shelly Beach kann man die erfolgreiche Schnorchel- oder Schwimmtour mit herrlichem Blick auf die Bucht und einem Teller originaler Sydneysider Felsenaustern ausklingen lassen (www.theboathousesb.com.au).

20_Cabramatta

Pandora der Geschmäcker

In Sydney asiatischem Leben zu begegnen ist keine hohe Kunst. Mehr als 20 Prozent der Bevölkerung haben Wurzeln in China, Indien, Vietnam, Korea, Japan oder den Philippinen. Viele Viertel sind deutlich spürbar asiatisch geprägt, und die Menge hervorragender Imbisse und Restaurants mit Fusion Food ist überwältigend, beispielsweise in Haymarket, Chatswood oder Zetland. Wer sich allerdings fühlen möchte, als sei er gar nicht mehr in Australien, sondern auf einer kleinstädtischen Marktstraße in Indochina gelandet, ist im südwestlichen Vorort Cabramatta richtig. Dort ließen sich infolge des Vietnamkriegs ab den 1970er Jahren Tausende Flüchtlinge nieder und eröffneten Schnellküchen, Lebensmittelgeschäfte und Marktstände für alles, wonach die Landsleute Sehnsucht hatten.

Bis heute ist das trubelige Viertel, gelegentlich auch »Little Saigon« genannt, bester Anlaufpunkt für die berühmte vietnamesische Küche, die hier authentisch an jeder Ecke angeboten wird. Die traditionelle Suppe »Pho«, eine Fleischbrühe mit Reisnudeln, frischem Koriander, Huhn oder Rind, gehört ebenso dazu wie »Banh Xeo«, saftige Pfannkuchen aus Reismehl und Kokosmilch mit Garnelen, Sojasprossen und Schweinefleisch. Düfte von Zimt, Minze, Zitronengras, Ingwer, Thaibasilikum und Knoblauch durchziehen die zahlreichen preiswerten Obst- und Gemüseläden Cabramattas, in denen auch frische Lychees, alle Arten von Mangos oder erstklassige Drachenfrüchte angeboten werden. Metzgereien, Stoffläden, Flecht- und Küchenwarenstände gibt es hier ebenso wie einen winzigen Laden, in dem eine ältere Dame von früh bis spät mit dem Zerhacken und Verkauf glasierter Enten beschäftigt ist. Gleich daneben sitzen Großväter beim Brettspiel oder unterhalten sich bei Tee und Reisgebäck. Die Zeiten, in denen das Viertel als Hochburg von Heroinverkauf und Bandenkriminalität galt, sind glücklicherweise längst vorbei.

Adresse Das Viertel wird exakt von Railway Parade, Hughes Street, Hill Street und Cabramatta Road West umgürtet (Cabramatta, NSW 2166). Reizvoll sind die engen Einkaufspassagen. | **ÖPNV** Züge T2, T3 und T5 oder Busse 807, 815 und 816, Haltestelle Cabramatta Station | **Anfahrt** zweistündiges kostenloses Parken in den Nebenstraßen oder preiswert und zentral im Dutton Plaza Car Park (Dutton Lane, Cabramatta, NSW 2166) | **Öffnungszeiten** Die Läden schließen zwischen 16 und 17 Uhr. Viele Restaurants haben bis 22 Uhr geöffnet. | **Tipp** Das Freundschaftstor »Pau Hau« mit seinen Pagodendächern (1A Dutton Lane, Cabramatta, NSW 2166) ist das Wahrzeichen des Viertels und wurde 1991 zum Neujahrsfest eröffnet. Auf der Freedom Plaza dahinter findet jedes Jahr im September das traditionelle Mondfest statt.

21 Der Cahill Expressway

Am lautesten Aussichtspunkt der Stadt

Ist es das Tosen der vorbeirasenden Autos oder ihr Abgasgestank? Oder liegen die Einstiege gar zu versteckt? Trotz seiner erstklassigen Ausblicke auf die Sydney Harbour Bridge, die Oper und den Fähranleger Circular Quay kennt diesen Aussichtspunkt so gut wie niemand. Genau genommen beginnt hier eine über zwei Kilometer lange Strecke, von der aus sich das Treiben im Hafen Sydneys wie in einem Wimmelbuch entdecken lässt. Und doch wird einem auf dem Fußgängerweg des Cahill Expressway, der die südliche Stadtautobahnauffahrt zur Brücke bildet, nur gelegentlich ein schlendernder Spaziergänger begegnen. Während rundum das Leben brummt, ist man unterwegs meist allein. Wer sich nun denkt, das wäre der ideale Platz für die nächste Silvesterfeier, liegt falsch. Dann nämlich wollen plötzlich alle hinauf – und Zugang und Aussicht auf die fulminanten Feuerwerke werden unter den Einwohnern Sydneys offiziell verlost.

Fertiggestellt wurde die monströse Betonkonstruktion 1957. Sie war Sydneys erste Autobahn und ist nicht nur nach heutigen Maßstäben ziemlich misslungen. Schon ihr Entwurf 1948 stieß auf Gegenwehr, bildet sie doch eine wuchtige Grenze zwischen der Stadt und ihrer Uferpromenade. Bis heute stehen viele Sydneysider mit dem Cahill Expressway auf Kriegsfuß. Mehrere Anläufe, die hässliche Schnellstraße abzureißen oder in einen grünen Höhenweg umzubauen, scheiterten bisher, weil sie schlicht gebraucht wird, um den Verkehr aus der Stadt hinaus auch nur annähernd zu bewältigen. Der 1992 gebaute Sydney Harbour Tunnel ist damit sowieso schon überlastet. Zur Strafe trägt der Schandfleck heute den Namen desjenigen, der ihn einst genehmigte. Doch niemand ist John Joseph Cahill, Premierminister von New South Wales von 1952 bis 1959, mehr böse. Denn ihm ist auch das Opernhaus zu verdanken, für dessen Errichtung er Ruf und Karriere aufs Spiel setzte.

Adresse Zugang über den gläsernen Fahrstuhlturm am östlichen Ende des Circular Quay, Sydney, NSW 2000, oder über die Bridge Stairs, 100 Cumberland Street, The Rocks, NSW 2000 | **ÖPNV** Fähren F1 bis F9, Züge T2, T3 und T8, Haltestelle Circular Quay oder Bus 311, Haltestelle Argyle Pl at Lower Fort St | **Anfahrt** kostenpflichtiges Parken in der Argyle Street, The Rocks, NSW 2000 | **Öffnungszeiten** immer zugänglich | **Tipp** Wer einmal auf dem Weg ist, kann gleich noch über die Harbour Bridge weiterspazieren. Die einfache Strecke vom Einstieg am Circular Quay bis zum Milsons Point dauert etwa 45 Minuten. Gute Auswahl an Cafés und Bistros auf Höhe Broughton St/Fitzroy Street (Kirribilli, NSW 2061).

22 Castlecrag

Gartenstadt als steingewordene Utopie

Der grüne Vorort Castlecrag in Sydneys Norden geht auf eine bahnbrechende Idee seiner amerikanischen Erbauer Walter Burley Griffin und Marion Mahony Griffin zurück. Müde von den politischen Querelen über die Umsetzung ihres Siegerentwurfes für die neue australische Hauptstadt Canberra kam das Architektenpaar in den 1920er Jahren mit einer Idee nach Sydney, die aus der Beschäftigung mit dem Arts and Crafts Movement und Marions jahrelanger Mitarbeit beim US-amerikanischen Architekten Frank Lloyd Wright entstanden war. Auf einer bisher unbebauten Sandsteinhalbinsel sollte ein vollkommen neues Stadtentwicklungsmodell umgesetzt werden.

Entgegen bisherigen Gepflogenheiten wollten die Griffins die Landschaft so intakt wie möglich belassen. Keine Zäune, Grenzen und roten Dächer sollten die vorgefundene Natur verschandeln, ein damals geradezu radikales Konzept. Alle Straßen wurden der Topografie des Gebietes angepasst, alte Bäume bewahrt. Als Baumaterial der ersten, teilweise an Felsen erinnernden Häuser, die sich respektvoll in das Buschland einfügen, dienten ausschließlich Naturmaterialien aus der Gegend. Besonders innovativ war das von den beiden Architekten ersonnene Wege- und Grünanlagensystem. Es dient den Anwohnern bis heute als Erholungsraum und macht den Stadtteil unverwechselbar. Auf sechs Kilometern ist die Küste der Bucht nach wie vor in ihrem ursprünglichen Zustand.

Obwohl die Utopie nie gänzlich fertiggestellt werden konnte und trotz einiger aus Sicht von Architekturliebhabern sicherlich unverzeihlicher Entwicklungen innerhalb der letzten Jahrzehnte haben viele Straßen ihren einzigartigen Gartenstadtcharakter bewahrt. Rund 15 der von den Griffins entworfenen Gebäude wurden realisiert, sind mehr oder weniger bis heute erhalten und erinnern an die beiden Idealisten, die ein Idyll schufen, das heute aktueller denn je erscheint.

Adresse Am besten zu sehen sind das Fishwick House (15 The Citadel, Castlecrag, NSW 2068) und mehrere Häuser im Zwickel von Edinburgh Road (Nummern 136, 138, 140, 148) und The Parapet (Nummern 4, 8, 12, 14). | **ÖPNV** Busse 203, 275, Haltestelle 158 Edinburgh Road at Raeburn Avenue | **Anfahrt** überall kostenloses Parken | **Tipp** Der 40-minütige Rundweg »Sailors Bay Walking Track« mit Wasserfall und Ausblicken in die Bucht lässt einen verstehen, weshalb die Griffins die einst vorgefundene Natur vor der unbedachten Bebauung schützen wollten (Eingang: The Palisade, Northbridge, NSW 2063).

23__Die Cat Alley

Großstadtdschungel in der Arbeiterstraße

So pittoresk wie heute lebte es sich nicht immer in der kleinen Sackgasse McElhone Place in Surry Hills. Die wegen ihrer vielen vierbeinigen Mitbewohner auch als Cat Alley bekannte Straße wurde in den 1870er Jahren begründet und mit winzigen Arbeiterhäusern bebaut. Schnell geriet sie als Slum für die Ärmsten der Armen in Verruf, doch alle Versuche des Stadtrats, die Gasse einzureißen, scheiterten immer wieder am Widerstand der Anwohner.

Wer weiß, wie die Geschichte ausgegangen wäre, hätte eine der Hauseigentümerinnen in den 1980er Jahren nicht den klugen Gedanken gehabt, das graue Einerlei mit einem grünen Touch zu versehen. Was mit ein paar Blumenkästen anfing, ist heute ein üppiges Sammelsurium aller nur möglichen Pflanzenarten, das die Straße legendär gemacht und ihr einige Gartenpreise eingebracht hat. Dass die Cat Alley für die Durchfahrt mit dem Auto gesperrt wurde, hat den emsigen Anwohnern weiteren Raum für ihre Experimente an der Stadtoase gegeben. Ob Zitronenbäume, Kamelien, Frangipani, Bougainvillea oder Jasmin, Kakteenpflanzen, Kräuter und Gemüse oder Büsche mit Beeren, der Hobbygärtner wird schier verrückt ob der Fülle der gesammelten Schätze der vergangenen 40 Jahre. Kein Fleckchen, das nicht von einem Topf mit gepflegtem Inhalt besetzt wäre.

Die Eigentümer der oft nur aus zwei Räumen bestehenden Häuschen ohne rückwärtigen Garten sind stolz auf ihre kultivierten Kostbarkeiten und lassen sich gerne auf ein Schwätzchen dazu ein. Allerdings freuen sie sich auch über Gäste, die nichts abpflücken, keinen Lärm machen oder gar die Häuser betreten. Kurzum über alle, die die Privatsphäre der hier ganz normal lebenden und arbeitenden Menschen achten. Dann ist das geteilte Grün das beste Beispiel dafür, wie Wohnen auf engem Stadtraum mit nur wenigen Quadratmetern der spontanen Erweiterung des Horizonts dienen kann.

Adresse McElhone Place, Surry Hills, NSW 2010 | **ÖPNV** Busse 373, 377, 392, 394, 396, 399, Haltestelle Flinders St before Albion St | **Anfahrt** kostenpflichtiges Parken in der Marshall Street, Surry Hills, NSW 2010 | **Öffnungszeiten** immer zugänglich, in den Abendstunden wird um Ruhe gebeten | **Tipp** Überquert man am Ende der Gasse die große Fahrstraße S Dowling Street, befindet man sich in der nächsten grünen Oase, dem Moore Park West mit seinem Korean War Memorial, das den 230.000 Koreanern und 339 Australiern gewidmet ist, die während des Koreakrieges (1950–53) ihr Leben ließen.

24 Der Clovelly Bowling Club

Barfuß auf die Kugelbahn

Boccia, Boules, Pétanques? Hat man in Australien noch nie gehört. Hier beschränkt man sich auf Bowls, was so ungefähr das Gleiche wäre. Aber eben auch anders. Ähnlich wie in der europäischen Variante muss die dicke Kugel so nah wie möglich ran an die kleine, liebevoll »Jack« oder »Kitty« genannt. So weit, so gut.

Aber erstens steht der Spieler dazu auf einer fest platzierten Matte, und zweitens ist die australische Kugel zu zwei Seiten hin abgeflacht, läuft also auf einer gekrümmten Bahn über den Kunstrasen. Kullert sie in den das Feld umgebenden Graben, ist sie raus aus dem Spiel. Es gewinnt derjenige, dessen vier Kugeln dem Jack am nächsten sind. Zwei Teams mit je bis zu vier Spielern können an dem Spaß teilnehmen, den laut Bowls-Verband 250.000 registrierte Spieler in 2.000 australischen Clubs betreiben. Die Mehrheit ist männlich und über 55 Jahre alt.

Bowls ist eine aussterbende Leidenschaft, weshalb viele der Clubs sich in den vergangenen Jahren neu erfinden mussten. So wie der Club in Clovelly, der regelmäßig Livekonzerte von jungen Bands veranstaltet sowie kostenlos nutzbare Barbecuegrills an seine Bahnen gebaut und das »Barefoot Bowl« eingeführt hat. Daneben ist er der Club mit dem schönsten Ausblick aufs Meer. Am Wochenende ist die Hölle los, und gut gelaunte Hipster übertrumpfen sich beim barfüßigen Versuch, die wackelige Kugel irgendwie übers Feld zu bekommen. Wackelig sind auch die Hipster bald bei so viel frisch gezapftem Bier, und schon bald wird nur noch viel gelacht und wenig gespielt. Was wohl die tasmanischen Begründer dazu sagen würden, die diesen Sport 1845 aus England mitbrachten und die erste Bahn in der Beach Tavern in Sandy Bay bei Hobart bauten? Schließlich handelt es sich doch um eine ernst zu nehmenden Präzisionssportart, die man in den vergangenen Jahrzehnten mehrmals bei Olympia anzumelden versucht hat.

Adresse 1 Ocean Street, Clovelly, NSW 2031 | **ÖPNV** Bus 360, Haltestelle Clovelly Bowling Club, Ocean St | **Anfahrt** kleiner Parkplatz am Club | **Öffnungszeiten** täglich 9 bis 20.30 Uhr (Zeiten können variieren, siehe www.clovellybowlingclub.com.au), Eintritt 20 AUD | **Tipp** Auch ziemlich australisch ist das nahe Clovelly-Beach-Outdoor-Fitnessstudio, wo jedermann kostenlos auf 18 Kraft- und Cardiogeräten schwitzen und dabei ebenso schön aufs Meer schauen kann (31R Ocean Street, Clovelly, NSW 2031).

25 Das Coal Loader Centre

Gemüse statt Kohlenstaub

Dass es an diesem Ort einst dreckig herging, sieht man dem Idyll nur noch an wenigen Stellen an. Während im Hintergrund ein Kind auf dem öffentlichen Klavier seine Melodien übt, umschwirren den inmitten von Blüten sitzenden Besucher Schmetterlinge und Wildbienen. Nur ein vor sich hin rottender hölzerner Großanleger ragt wie ein Mahnmal der Vergangenheit in das anliegende Hafenbecken. Der Coal Loader ist ein ehemaliger Industriestandort, der von Anfang der 1920er bis Anfang der 1990er Jahre betrieben wurde und als Transferdepot für Kohle von Massengutfrachtern zu kleineren kohlebefeuerten Schiffen fungierte.

Wo heute Gemüse wächst und Anwohner unter Kaskaden flanieren, lag ein immenser Kohlenberg in der Gegend herum. Durch ein ausgefeiltes Rutschensystem versorgte er die anlegenden Schiffe mit dem schwarzen Brennmaterial, bevor er stillgelegt und in ein Zentrum für Nachhaltigkeit umgebaut wurde, das im Juli 2011 eröffnete. Heute finden hier Workshops zum Thema nachhaltiges Leben, Handwerkermärkte und Musikveranstaltungen statt. Immer samstags kann man den Anwohnern der Gegend beim Bewirtschaften ihrer Gemüse- und Obstboxen zuschauen oder gleich selbst seinen grünen Daumen unter Beweis stellen. Das anliegende Café serviert ausschließlich nachhaltige australische Produkte. Wer den Gang über die stählernen Außentreppen des Geländes wagt, kann die Anlage durch Tunnel unterqueren und weiter erkunden. Während einer der vier Tunnel gelegentlich Kunstausstellungen beherbergt und wieder ein anderer Zwergfledermäuse, führt ein weiterer zu einem Rundweg um die Landzunge, in deren wilder Natur man spektakuläre Ausblicke auf die Stadt genießt.

Noch bis 1916 wurde das von den Aborigines *Yerroulbine* genannte Stück Land für Zeremonien und Beerdigungen genutzt. Die Steingravur eines großen Walfischs zeugt bis heute von der ehemaligen Besiedlung.

Adresse 2 Balls Head Drive, Waverton, NSW 2060 | **ÖPNV** Bus 265, Haltestelle Bay Rd at Ross St | **Anfahrt** zweistündiges kostenloses Parken im Balls Head Drive, Waverton, NSW 2060 | **Öffnungszeiten** immer zugänglich, Büro Mo–Fr 9–16 Uhr, Café: Mi–So 7–15 Uhr | **Tipp** Unvorstellbar, dass an der Stelle des nahen Berrys Bay Lookout mit sagenhaftem Ausblick auf die Harbour Bridge noch bis 1990 eine der größten Raffinerien Sydneys stand, an die heute glücklicherweise nur noch Infotafeln im mit Wildgräsern bepflanzten Park erinnern (6 Larkin Street, Waverton, NSW 2060).

26 Cockatoo Island Camping

Abenteuer auf der Strafgefangeneninsel

An dieser Insel, vom Hafen in 14 Minuten mit der Fähre zu erreichen, kommt man nicht vorbei. Zum einen ist sie zum Übersehenwerden einfach zu groß, zum anderen gibt es so viel zu entdecken, dass man allein damit 111 Kapitel füllen könnte. Deshalb steht sie auch unter Schutz von ganz oben. Im Juli 2010 hat die UNESCO Cockatoo Island zur Welterbestätte erklärt. Am Zusammenfluss von Parramatta und Lane Cove River harrt die 18 Hektar große Sandsteinerhebung nun der Dinge, die da kommen mögen.

Seit Ankunft der Siedler herrscht hier viel Trubel. Zunächst wurde die ehemals mit 30 Meter hohen Roten Eukalyptusbäumen bewachsene und von Kakadus bewohnte Insel von den Briten gerodet. Von 1839 bis 1869 diente sie als brutal geführtes Gefängnis für die ganz harten Brocken unter den seit 1787 insgesamt 166.000 nach Australien transportierten Sträflingen. Deren selbst gebaute Steinbaracken sind bis heute zu besichtigen. Nachts froren die Männer in Eiseskälte, tagsüber mussten sie Zwangsarbeit zum Wohle der Kolonie leisten. So entstand am südlichen Ende eine der ehemals größten Werften Australiens, die Fitzroy und Sutherland Docks, mit bloßen Händen von den Strafgefangenen erbaut und als Industriedenkmal erhalten.

Kein Wunder, dass manch einer zu türmen versuchte, darunter auch eine australische Legende namens Captain Thunderbolt, dessen halb-indigene Frau Mary Ann Bugg angeblich die damals haiverseuchten Gewässer durchschwamm, um ihn aus der Gefangenschaft zu befreien. Bequem und mit Rosengarten lebte zu Beginn des 20. Jahrhunderts nur der technische Leiter der Insel in seiner Villa im Föderationsstil, die man heute für Übernachtungen anmieten kann. Einfacher geht das auf dem Campingplatz der Insel. Dort kann man sich nachts dann fühlen wie einer der Strafgefangenen, die nach ihrer Ankunft auf Cockatoo Island ebenso zunächst in Zelten lebten.

Adresse Cockatoo Island, Sydney Harbour, NSW 2110, Besucherinformationen und Buchung eines Zelts auf dem Campingplatz über www.cockatooisland.gov.au (Preise von 50 bis 375 AUD) | **ÖPNV** Fähren F3 und F8, Haltestelle Cockatoo Island | **Öffnungszeiten** täglich 10–16 Uhr, Eintritt frei | **Tipp** Die 90-minütige »Dark Past Tour« findet samstags statt und weiht in weitere dunkle Seiten der Inselgeschichte ein. Buchung über die Homepage.

27_Die Crater-Cove-Hütten

Unberührtes Hippieparadies

Dieses einmalig schöne Idyll zu finden ist nicht ganz leicht – deshalb hier zunächst eine Wegbeschreibung und der Rat, festes Schuhwerk anzuziehen, wenn man zu den versteckten Hütten am Dobroyd Head will. An Regentagen verwandelt sich der steile Weg durch das Buschland am Hang gleich gegenüber von Sydneys natürlicher Hafeneinfahrt in eine wahre Matschpartie mit Rutschgefahr.

Es geht vom Tania Park aus auf dem Dobroyd Head Track zunächst für etwa zehn bis 15 Minuten links an der Küste entlang. Auf Höhe der ausgewiesenen Abzweigung Richtung Beatty Street biegt man scharf rechts ab auf den kleinen Trampelpfad in den Busch, dann geht es durch eine Furche und über Felsen bergab. Bald schon ragen die Dächer der ersten Hütten aus dem Grün, und nach einer letzten Kletterpartie steht man vor ihnen. Sie entstanden aus Not während der Weltwirtschaftskrise in den 1920er Jahren als einfache Fischerhütten. In den 60ern zog eine Gruppe Freigeister an die Klippe und baute die Strukturen zur Hippiekommune mit Frischwasserzufuhr, Gemüsegärten und Solarversorgung um. Bis die Regierung eines Tages das Leben in den Nationalparks untersagte und der Hippietraum zerplatzte.

Heute stehen die Crater-Cove-Hütten als Teil des Sydney Harbour National Park unter Schutz und werden von Freiwilligen gepflegt. Als die Blumenkinder aus ihrem Idyll vertrieben wurden, ließen sie alles stehen und liegen, woran noch heute einige Habseligkeiten erinnern. Durch die Fenster der ein oder anderen der sieben Hütten, die für Besucher verschlossen sind, lassen sich urige Einrichtungen erkennen. Übrigens hatten die Hippies bis zuletzt wie die Löwen darum gekämpft, in ihrem Idyll bleiben zu dürfen, und waren bis vor Australiens High Court gegangen, vergebens. Heute quaken in den einstigen Trinkwasserbecken des kleinen Paradieses nur noch die Frösche.

Adresse Dobroyd Head Track, Balgowlah Heights, NSW 2093 | **ÖPNV** Bus 162, Haltestelle Curban St opp Concise St | **Anfahrt** Parken am Tania Park, Balgowlah Heights, NSW 2093, auf Höhe der Parkbuchten | **Tipp** Der nahe Arabanoo Lookout bietet einen wunderbaren Blick auf die Halbinsel von Manly. Er ist nach Arabanoo benannt, dem ersten Aborigine, der unter europäischen Siedlern lebte, 1788 in Manly auf Befehl von Gouverneur Arthur Phillip gefangen genommen wurde und schon 1789 an Pocken verstarb.

28 Der CTA Business Club

Gesellschaftsclub im 1970er-Jahre-Pilz

Mit Gesellschaftsclubs ist es in Sydney so eine Sache. In die alteingesessenen und exklusiven – wie den Australian Club (nur Herren) oder den Queen's Club (nur Damen) – wird manch einer auch nach jahrelangen Anstrengungen niemals Eintritt erhalten. Andere wie Level 6 oder CUB schrecken durch exorbitante Mitgliedsbeiträge ab. Leider wusste aber schon Groucho Marx: »Ich würde keinem Club angehören wollen, der mich als Mitglied aufnimmt.«

Beim CTA Business Club, den auch der Normalsterbliche nach Anmeldung bei der Empfangsdame einfach so zum Mittagessen betreten darf, kann man wegen des originellen Gebäudes mal eine Ausnahme machen. Der Club steht unverändert da, seit sein Architekt Harry Seidler in den 1970er Jahren beschloss, die Innenstadt von Sydney vertrage unbedingt ein Bauwerk in Form eines weißen Riesenpilzes.

Auch in den Clubräumen im Kellergeschoss hat sich in den Jahrzehnten wenig getan. Psychodelisch gemusterte Teppiche, plüschige Wandpaneele und die Farbpalette Rot bis Orange entsprechen dem neuen Businessschick der australischen Metropole ebenso wenig wie das Mittagsmenü, das in der Regel aus einem Stück Fleisch, Kartoffelpüree und Erbsen aus dem Glas besteht. Herunter spült man es am besten mit einem frisch gezapften Bier, serviert vom wortkargen Barkeeper, der so aussieht, als stünde er seit der Erbauung des Gebäudes ohne eine Stunde Schlaf hinter der mit rotem Samt bespannten Theke. Wer bei ihm einen über den Durst trinkt, kann anschließend für einen überschaubaren Beitrag Mitglied im Club werden und eines der für die Lage preiswerten, recht schlicht gehaltenen Gästezimmer im Pilz beziehen, die der deutsche Künstler Thomas Demand 2012 für seine Arbeit »The Dailies« nachbaute. Hier ist dann zur Abwechslung alles mal in Braun und Popelgrün gehalten. Sie leben hoch, die 1970er Jahre, auf dass sich im verrückten Pilz nie etwas ändere.

Adresse MLC Centre, Martin Place, Sydney, NSW 2000 | **ÖPNV** Busse 412, 423, 426, 428, 430 und 431, Haltestelle Martin Place Station, Castlereagh St, Züge T4 und South Coast Line, Haltestelle Martin Place | **Anfahrt** teures Parkhaus unterhalb von 1 Martin Place, Sydney, NSW 2000, www.secureparking.com.au | **Öffnungszeiten** Restaurant Mo–Fr 12–14 Uhr, Bar Mo, Di, Mi 11.30–16 Uhr, Do 11–19 Uhr, Fr 11–21 Uhr, Reservierungen unter (+61) 02/9232 7344 | **Tipp** Im gleich gegenüberliegenden historischen Sparkassengebäude von 1928 hat die australische Macquarie Bank ihren internationalen Hauptsitz eingerichtet. Ein Besuch der komplett erhaltenen opulenten Schalterhalle und des begehbaren Tresors lohnt sich (1 Martin Place, Sydney, NSW 2000, täglich bis 17 Uhr geöffnet).

29 Die Dawn Fraser Baths

Ältester Hafenpool Australiens

Seine fast 150 Jahre sieht man dem ältesten erhaltenen Gezeitenschwimmbad der südlichen Hemisphäre nicht an. 1883 erbaut, drohte das hölzerne viktorianische Schwimmbad noch vor kurzer Zeit vor lauter Reparaturstau auseinanderzufallen. Der frenetischen Rettungskampagne »Save Dawny's!« und dem Einsatz des örtlichen Bürgermeisters ist es zu verdanken, dass man nach einer acht Millionen teuren Sanierung seit 2021 wieder im Becken schwimmen und sich auf den warmen Planken der Stege sonnen kann.

Der historische Meerwasserpool vor der üppigen grünen Kulisse des Elkington Parks ist Anziehungspunkt für die mittlerweile gut betuchten Anwohner des einstigen Arbeiterviertels Balmain. Einige australische Olympioniken haben hier als Kinder Schwimmen gelernt, darunter Bronwyn Smith, Goldmedaillengewinnerin im Wasserball bei den Olympischen Spielen in Sydney im Jahr 2000, vor allem aber die beste australische Schwimmerin aller Zeiten. Dawn Fraser, nach der das Bad 1964 umbenannt wurde, gewann in Tokio damals ihre dritte Goldmedaille in 100 Meter Freistil und war damit die erste Schwimmerin, die dreimal in Folge Olympiagold im Einzelwettbewerb gewann.

Das 1937 geborene, jüngste von acht Kindern eines einfachen Hafenarbeiters galt in jungen Jahren als schwächlich und asthmatisch und bekam daher Schwimmunterricht von seinem Bruder. 39 Schwimmrekorde später nahm die Karriere der als Rebellin geltenden Sportlerin ein dramatisches Ende. Dawn Fraser, die in ihrem Leben zahlreiche persönliche Tragödien erlitt und gerade erst ihre Mutter bei einem gemeinsamen Unfall verloren hatte, stahl in Tokio die olympische Flagge vor dem Kaiserpalast als Andenken und wurde verhaftet. Die anschließend verhängte zehnjährige Sperre des australischen Schwimmverbandes wegen »Disziplinlosigkeit« beendete den Traum von weiteren Medaillen. Heute wird Fraser in Australien als Sportlegende verehrt.

Adresse Elkington Park, Fitzroy Avenue, Balmain, NSW 2041 | ÖPNV Fähren F3, F8, Haltestelle Balmain Wharf, Busse 433, 435, Haltestelle Darling St before/opp Birchgrove Rd | Anfahrt kostenpflichtige Parkplätze am Elkington Park | Öffnungszeiten Mo–So 6.45–19 Uhr, Eintritt Erwachsene 6 AUD | Tipp Nach dem Ende ihrer Karriere war Dawn Fraser unter anderem Pächterin des nahen Riverview Hotels. Im 1880 erbauten, unter Denkmalschutz stehenden Gebäude kann man auch heute ab zwölf Uhr mittags ein Bierchen genießen (29 Birchgrove Road, Balmain).

30 Der Diamond Bay Cliff Walk

Meeresblick aus schwindelerregender Höhe

Bei all den Stufen und Steinen wähnt man sich schon nahe Griechenlands Ruinen. Wären da nicht die eindeutigen Warnschilder. Und wenn die in Australien irgendwo angebracht sind, sollte man sie wirklich ernst nehmen. Zwar ist die Diamond Bay mit ihren von den Fischern im 19. Jahrhundert in Stein geschlagenen Treppen und Plattformen und dem darunter türkis funkelnden und weiß schäumenden Ozean eine der schönsten Fotokulissen Sydneys, immer wieder kommen hier aber vor allem junge Menschen ums Leben, die auf der Suche nach dem besten Motiv für die Internetplattformen dieser Welt den Halt verlieren und in den Tod stürzen. Immerhin geht es hier über 30 Meter tief die Steilküste herab. Überleben vollkommen ausgeschlossen. Vom gesicherten Weg aus zu schauen reicht also absolut aus, spektakulär ist's allemal. Besonders wenn in der Entfernung noch ein Wal vorbeischwimmt, von Mai bis November keine Seltenheit. Mehr als 45 Arten von Walen, Delphinen und Schweinswalen tummeln sich in den Gewässern rund um Australien. Auf ihrer jährlichen Wanderung von der Antarktis in die wärmeren Gewässer des Pazifiks ziehen über 30.000 Buckel- und Glattwale entlang der Küste der Stadt. Einige von ihnen wagen sich gelegentlich in das Hafenbecken Sydneys, viele mindestens so nah an die Küste, dass man ihnen vom Festland aus beim Springen und Spielen zusehen kann.

Mit etwas Glück sieht man auch Orkas, Blauwale und Pottwale. Die Zahl der streng geschützten Meeressäuger ist in den vergangenen Jahrzehnten stetig gestiegen, sodass schon wieder zusammenhängende Schulen von bis zu 90 Tieren gesichtet wurden. Näher heran an die sanften Giganten des Meeres als auf dem Felsweg kommt man auf einer der Fahrten mit einem der Anbieter der »Whale Watching Tours«. Die Boote der erfahrenen Kapitäne dürfen sich bis zu 100 Meter heranpirschen.

Adresse Eingang zum Weg auf der rechten Seite des Diamond Bay Reserve, Craig Avenue, Vaucluse, NSW 2030 | ÖPNV Busse 380 und 387, Haltestelle Old South Head Rd at Billong Ave | Anfahrt zweistündiges kostenloses Parken entlang des Diamond Bay Reserve | Öffnungszeiten immer zugänglich | Tipp Das etwas in die Jahre gekommene, 1962 entstandene Hochhaus oberhalb des Weges stammt aus der Hand des berühmten Architekten Harry Seidler, der 1938 als Teenager aus Wien vor den Nazis floh, sich 1948 in Australien niederließ und die Ideen des Bauhauses ins Land brachte (33 Kimberley Street, Vaucluse, NSW 2030).

31_Das Dolphins Point Memorial

Australiens 9/11

Am späten Abend des 12. Oktober 2002 explodierten in der Stadt Kuta auf der indonesischen Insel Bali drei Bomben islamistischer Attentäter. Zwei davon wurden in gut besuchten Touristenbars gezündet. 202 Menschen aus 20 Ländern fanden den Tod, 209 wurden zum Teil schwer verletzt. Die meisten Opfer waren Australier, überwiegend junge Leute auf der Suche nach Spaß und Erholung auf der hinduistisch geprägten Lieblingsferieninsel vieler ihrer Landsleute.

Nach dem Anschlag mobilisierte die australische Luftwaffe Flugzeuge zum Ausfliegen der Verletzten, mit deren schierer Zahl und Art der Wunden die örtlichen Krankenhäuser mehr als überfordert waren. Bei der größten medizinischen Evakuierung seit dem Vietnamkrieg wurden innerhalb weniger Stunden 66 Menschen zur Behandlung nach Darwin transportiert. Auf einer Landzunge vor Coogee erinnert seit 2003 ein Denkmal an die 88 australischen Todesopfer. Als Reminiszenz an sechs aus dem örtlichen Coogee Dolphins Footballclub stammende Verstorbene heißt das Gebiet »Dolphins Point«. Die von der Bildhauerin Sasha Reid gefertigte Skulptur entstand in Zusammenarbeit mit den Familien der Opfer. Die drei ineinander verschlungenen Stränge aus Bronze symbolisieren Familie, Freunde und Gemeinschaft, sich gegenseitig tröstend und stützend im Schmerz vereint. Zugleich soll die organisch sprießende Form auch an das Leben erinnern und damit all jenen Hoffnung geben, die sich hier alljährlich am Tag des Anschlags zur gemeinsamen Trauerfeier versammeln. Während der dann stattfindenden »Bali Commemoration Ceremony« gedenken Hinterbliebene nicht nur ihrer Liebsten und lassen Tauben oder Luftballons fliegen, sondern appellieren auch an den »australischen Geist des Mutes, der Stärke und der Ausdauer«. Diese Tugenden sind zugleich das Salz im nationalen Selbstverständnis vieler Australier und der Schlüssel zu ihrer viel gepriesenen Resilienz.

Adresse 41 Arcadia Street, Coogee, NSW 2034 | **ÖPNV** Bus 374, Haltestelle Arden St at Dolphin St | **Anfahrt** bezahltes Parken in der Coogee Parking Area, Coogee, NSW 2034 | **Öffnungszeiten** immer zugänglich | **Tipp** Am Dolphins Point startet auch der sechs Kilometer lange »Bondi to Coogee Walk«, ein ausgebauter Klippenweg mit traumhaften Ausblicken auf das Meer (alle Stationen unter www.bonditocoogeewalk.com).

32 Die Dudley Page Reserve

Schaukeln vor Kulisse

Dies ist der wohl einzige Spielplatz Sydneys, auf dem häufiger Erwachsene als Kinder anzutreffen sind. Während die lieben Kleinen notgedrungen mit Wippe und Kletterturm vorliebnehmen müssen oder über die riesige Rasenfläche toben, die eigentlich das begrünte Dach eines alten Wasserreservoirs ist, stehen die Großen an der Schaukel Schlange. Denn wer sich hier in die Höhe schwingt, genießt nun mal einfach den absoluten Ansichtskartenblick und kann sich dabei gleich noch exzellent für die Lieben daheim fotografieren lassen. Gut, wenn man dann auch ein bisschen etwas zur Ikone Sydney Harbour Bridge im Hintergrund zu erzählen weiß, die von den Einheimischen »Kleiderbügel« genannt wird.

In den Zeiten vor der Erbauung mussten die Sydneysider insgesamt jährlich 40 Millionen Tickets für die vielen Boote und Fähren vom einen zum anderen Ufer kaufen, um ihrer täglichen Arbeit nachkommen zu können. Erst die 1.149 Meter lange Brücke stellte eine stadtnahe Verbindung zwischen Sydneys Nord- und Südküste her. Nachdem man über 100 Jahre lang über die Möglichkeiten einer festen Überquerung nachgedacht hatte, rief das Parlament von New South Wales 1922 zum internationalen Wettbewerb auf. Aus 20 Entwürfen wählte man den des englischen Brückenbauunternehmens Dorman Long & Company, die Bauausführung übernahmen John Job Crew Bradfield und Sir Ralph Freeman. Die mussten zunächst einmal Platz schaffen. Über 500 Häuser wurden zerstört und deren Bewohner ihrem Schicksal überlassen, um an beiden Ufern Platz für den Bau zu schaffen. Zehn Jahre, 16 verunglückte Arbeiter, 52.800 Tonnen Stahl, sechs Millionen handgefertigte Nieten und 30.000 Liter Farbe später wurde das neue Wahrzeichen der Stadt in Betrieb genommen. Und noch mehr für Zahlenfreaks: Täglich überqueren mindestens 200 Züge, 160.000 Fahrzeuge und 2.000 Fahrräder das Meisterwerk am Horizont.

Adresse Lancaster Road, Ecke Military Road, Dover Heights, NSW 2030 | ÖPNV Busse 323 und 380, Haltestelle Dudley Page Reserve, Lancaster Rd | Anfahrt kostenfreies Parken entlang der Military Road | Öffnungszeiten immer zugänglich | Tipp Sparen kann man sich die überteuerte Besteigung des Brückenbogens, indem man für einen Bruchteil des Preises den südöstlichen Pylon besteigt und dann eine ebenfalls großartige Aussicht genießt. Im kleinen angeschlossenen Museum lässt sich die Geschichte des Bauwerks bis ins Detail nachvollziehen (Informationen www.pylonlookout.com.au, Tel. +61/2/1300908057).

33 Das Duke Kahanamoku Memorial

Ein Mann, ein Board

Dieser Mann trägt die Schuld an der unbändigen Surflust der Australier. Als der 25-jährige Hawaiianer Duke Kahanamoku am Weihnachtstag 1914 am Freshwater Beach seine ungeheuerlichen Künste auf dem Surfboard vorführte, standen die Zuschauer mit offenen Mündern am Strand. Und taten es ihm schon in den nächsten Tagen nach. Seither gibt es kein Halten mehr. Australien ist die wohl surfverrückteste Nation der Welt. Zwar hatten auch vorm schönen Duke schon andere versucht, das Surfen in Down Under populär zu machen, doch der aus hawaiischem Adel stammende Kahanamoku begeisterte die sportverrückten Ozzies mit einer bisher nie da gewesenen Mischung aus Athletik und Grazie auf dem Brett. In den Wochen nach der Vorführung tourte er über Sydneys Strände, begleitet von Reportern und Groupies, es folgten Fotostrecken in den Zeitungen. Eines von Dukes berühmten handgefertigten Surfboards aus Pinienholz wird heute wie ein Schatz im Eingangsbereich des nahen Freshwater Surf Life Saving Clubs gehütet. Seinen Namen erbte die Ikone, deren Wahlspruch »Der beste Surfer ist der, der am meisten Spaß auf dem Wasser hat« Generationen von Nachfolgern inspirierte, übrigens von seinem Vater, der ihn wiederum zu Ehren des Duke of Edinburgh trug, der Hawaii 1869 besuchte. Später spielte Kahanamoku in über 25 Hollywoodproduktionen mit, war von 1932 bis 1961 Sheriff von Honolulu und spielte in seiner Freizeit gerne Ukulele. Der fünfmalige olympische Goldmedaillengewinner im Schwimmen starb 1989 im Alter von 77 Jahren. Seine Frau Nadine überlebte ihn um 29 Jahre. Als sie 1994 hochbetagt zur Aufstellung der Skulptur nach Australien reiste, entfuhr ihr bei deren Enthüllung der Kommentar, die Bronze sei zwar gut gelungen, Dukes Shorts aber viel zu lang. Die Kratzer, die sie der Figur auf der korrekten Höhe anschließend angeblich zufügte, sollen bis heute zu sehen sein.

Adresse Park oberhalb des Lumsdaine Drive, Freshwater, NSW 2096 | ÖPNV Bus 167, Haltestelle Charles St at Ocean View Rd oder Bus 166, Haltestelle Harbord Road opp Coles Road | Anfahrt kostenpflichtiger Großparkplatz am Ende der Kooloora Avenue | Öffnungszeiten immer zugänglich | Tipp In Australien muss man doch mal gesurft haben? Wer zu Hause behaupten möchte, er sei die ganz große Welle geritten, belegt einen der täglichen Schnupperkurse der Manly Surfschool, die auch in Freshwater stattfinden (www.manlysurfschool.com.au).

34 Der Eel Pond

Die außergewöhnliche Reise der Aale

Manche Menschen finden heutzutage ohne Navi kaum vom eigenen Heim zum Supermarkt. Was sollen die Aale aus dem Eel Pond im Royal Botanical Garden dazu wohl sagen? Weil ihnen das brackige Gewässer für die Fortpflanzung nicht genehm ist, wandern sie nach der Reife aus und schwimmen bis zu 2.800 Kilometer in die südpazifischen Gewässer Neukaledoniens. In vielen hundert Metern Tiefe sind ihre Laichplätze. Auf der mehrmonatigen Tour passt sich ihr Körperbau der Tiefsee an. Die Augen des australischen Langflossenaals (*Anguilla reinhardtii Steindachner)* werden dann größer, aus kleinen seitlichen Flossen entstehen breite Paddel zur Bewältigung der Strömung.

Die frisch geschlüpften Miniaale, wegen ihrer Durchsichtigkeit Glasaale genannt, verbringen rund ein Jahr Kindergartenzeit im subtropischen Gewässer. Dann machen sie sich auf den Weg in die Gegenrichtung, bis sie in den Teichen ihrer Vorfahren in Australien angekommen sind.

Nach acht bis zehn Jahren geht es dann wieder auf große Fahrt durch den Pazifischen Ozean, jedenfalls für die männlichen Aale. Die weiblichen werden erst mit zehn bis 30 Jahren geschlechtsreif und suchen sich dann ihren Weg. So geht die Reise seit Jahrtausenden hin und her, ungeachtet der großen Veränderungen in ihrer Umgebung.

Und es wird noch mysteriöser: Mitarbeiter des Botanischen Gartens haben beobachtet, wie sich die jungen Glasaale nachts an den Kaimauern des Hafens empor- und anschließend über Kiesweg und Wiese zurück in den Teich schlängeln. Auch die erwachsenen Aale müssen die Mauer irgendwie überwinden. Wie genau, bleibt ein Rätsel. Selbst wenn der Tümpel alle paar Jahre zur Säuberung geleert wird, sind seine glitschigen Bewohner schon kurz darauf zurück und glotzen die Besucher neugierig aus dem Pond an.

Adresse Royal Botanical Garden, Sydney, NSW 2000. Vom Parkeingang am Opera House aus (Bennelong Point) folgt man der Uferkante etwa zehn Minuten bis zum großen Wasserbecken (»Main Pond«) auf der rechten Seite. | **ÖPNV** Fähren, Busse und Bahnen am zentralen Verkehrsknotenpunkt Circular Quay | **Anfahrt** teures Parken bei The Domain Car Park (St Mary's Road). | **Öffnungszeiten** Mo–So mindestens 7–17 Uhr, Sommer- und Winteröffnungszeiten variieren (www.rbgsyd.nsw.gov.au) | **Tipp** Die ehemals wichtige Proteinquelle der Aborigines findet sich in Australien heute selten auf den Speisetellern. Der Gastronom Nicholas Hill stellt Paté aus Aal her und verkauft seine »Smoke Trap Eels« über ausgewählte Delikatessenläden, darunter Continental Deli (165–167 Phillip Street) oder Fabbrica (161 King Street), beide etwa zehn Minuten zu Fuß vom Eel Pond entfernt.

35 Die El Alamein Fountain

Am Brunnen des Gedenkens

Was eine Fontäne mitten in Sydney mit Erwin Rommel zu tun hat? Der El-Alamein-Brunnen im Rotlichtbezirk King Cross verdankt seinen Namen der ägyptischen Kleinstadt, in der der deutsche General »Wüstenfuchs« sein Waterloo erlebte und von den britischen Truppen zusammen mit der australischen 9. Division in drei Schlachten von 1941 bis 1942 am weiteren Afrikafeldzug gehindert wurde.

Die 1961 fertiggestellte, heute unter Denkmalschutz stehende Fontäne des Architekten Robert Woodward soll daran erinnern, dass der Löwenzahn blühte, als mehr als 13.000 Soldaten der alliierten Truppen auf dem Schlachtfeld ihr Leben verloren. Australien hält die Erinnerung an beide Weltkriege hoch. Einer der wichtigsten nationalen Gedenktage ist der am 25. April stattfindende ANZAC Day, der Tag des Australian and New Zealand Army Corps. Er erinnert an die erste gemeinsame Schlacht australischer, neuseeländischer und tongaischer Truppen während des Ersten Weltkriegs im türkischen Gallipoli und wird bis heute mit feierlichen Trauermärschen, einem Trompetenkonzert bei Sonnenaufgang und dem Verzehr einer speziellen Kekssorte aus Hafer begangen, dem *anzac biscuit*. Schon Kindergartenkinder werden spielerisch dazu angeregt, das Rezept dazu auswendig zu lernen. Australien erlitt während beider Kriege im Verhältnis zu seiner Bevölkerungszahl erhebliche Verluste in Übersee. Das Blutopfer der noch jungen Nation spielt bis heute eine wesentliche Rolle im Nationalbewusstsein.

Aus den 211 Düsen der grazilen El-Alamein-Fontäne schießen minütlich 2.270 Liter Wasser. Während des bunten Samstagsmarktes mit frischen Blumen, lokalen Produkten und allerlei kleinen Essenständen planschen an ihrem Fuß an sonnigen Tagen die Kinder. Besonders schön anzuschauen ist der Brunnen nachts, wenn seine beleuchtete Gischt aus der Dunkelheit hell leuchtet wie ein zweiter Mond.

Adresse Macleay Street, Elizabeth Bay, NSW 2011 | **ÖPNV** Bus 311, Haltestelle Macleay St at Orwell St | **Anfahrt** kostenpflichtiges Parken in der unmittelbaren Umgebung, 30-minütiges kostenloses Parken auf der Ward Avenue | **Tipp** Der Illustrator Martin Sharp rief Anfang der 1970er Jahre die Künstlerbewegung »The Yellow House Artists Collective« in einer seit den 1950ern als Galerie dienenden Villa ins Leben. Das unkonventionelle Ausstellungshaus, in dem australische Ikonen wie Brett Whiteley, George Gittoes, Bruce Goold, Peter Weir, Phillip Noyce, Albie Thoms oder Aggie Read ausstellten, gibt es bis heute (57–59 Macleay Street, Potts Point, NSW 2011, www.yellowhousesydney.com.au).

36 Der Elephant Temple im Taronga Zoo

Arabesken für den Dickhäuter

Es war an einem schönen Frühlingsmorgen, als Jessie nach einem ausgelassenen Spaziergang mit Freunden am Hafen von Sydney ein Schiff nach Mosman bestieg, auf dem Weg zu ihrer Villa auf den grünen Hügeln vor Clifton Gardens. So oder ähnlich beginnen Großstadtromane des beginnenden 20. Jahrhunderts mit freien, ungebundenen Heldinnen. Bei Jessie, der Protagonistin dieser Geschichte, handelt es sich jedoch um eine asiatische Elefantendame, um deren Freiheit es spätestens mit der Ankunft an ihrem Zielort Taronga Zoo wieder geschehen war.

Aus ihrer bisherigen Behausung, dem alten Zoo im Moore Park, wurde die vier Tonnen schwere Jessie während der »Operation Arche Noah« 1916 quer durch die Stadt geführt. Dabei war sie in Begleitung von zwei Zirkuselefanten, die beruhigend auf sie einwirken sollten. Auch 850 Säugetiere, Vögel und Reptilien verfrachtete man in den neuen, 52 Hektar großen Tierpark. Dessen Gründer, Zoodirektor Albert Le Soëuf, hatte die natürlichen Sandsteinterrassen gegenüber der Stadt für eine vollkommen neue Art der Tierausstellung auserkoren. Zu vielen der revolutionären Designideen, darunter stangenlose Gehege oder Panoramaanlagen, hatte ihn ein Besuch des Hamburger Tierparks Hagenbeck im Jahr 1907 angeregt. Auch Le Soëuf definierte die Vision von Tieren in Gefangenschaft neu und baute ihnen Paläste statt Zwinger. Das denkmalgeschützte Gebäude mit der goldenen Kuppel und dem bunten Fliesenfries scheint die Züge sämtlicher wichtiger Tempelanlagen aus Jessies Heimatort Kalkutta zu tragen, mit Reminiszenzen sowohl an die dortigen hinduistischen und parsischen Stadttempel als auch an die bunte muslimische Zohra-Begum-Moschee. Die Elefantendame lebte noch bis 1939 im Zoo. Freilich ist der Elefantentempel nach heutigen Maßstäben viel zu klein und wurde längst durch ein angrenzendes Freigehege ergänzt.

Adresse Taronga Zoo, Bradleys Head Road, Mosman, NSW 2088 | ÖPNV Busse 100, 228, 238, Haltestelle Taronga Zoo | Anfahrt kostenpflichtiges Parkhaus am Zoo | Öffnungszeiten Mo–So 9.30–17 Uhr | Tipp Viel kleiner, aber mindestens so gefährlich wie ein Elefant ist die Trichternetzspinne *(funnel web spider)*, die überall in Sydney lebt. Die giftigste Spinne der Welt hat allerdings seit der Erfindung eines Gegengiftes vor etwa 40 Jahren wohl keinen Menschen mehr auf dem Gewissen (Terrarien im Backyard to Bush Pavillon).

37 Das Elizabeth Bay House

Ein schicksalhaftes Treppenhaus

Schönheit hat ihren Preis. Manchmal einen so hohen, dass man daran zugrunde gehen kann. Als Alexander Macleay 1826 aus London nach Sydney kam, war er bereits hoch verschuldet. Seine obsessive Sammellust von Insektenpräparaten, der Unterhalt seiner Großfamilie von zehn Kindern und das feine Leben in Stadthäusern und Landsitzen hatten dem einstigen Forschungsmitglied der britischen Royal Society finanziell arg zugesetzt. Mit den Insekten im Gepäck nahm er den Posten des Kolonialsekretärs von New South Wales an, wohl auch, um der Schmach des Schuldenberges zu entgehen. Doch nicht nur für die Krabbelviecherkollektion, die schönste und größte ihrer Art, wünschte sich Macleay Bewunderer.

Auch seinen sonstigen guten Geschmack wollte er in der neuen Heimat gerne unter Beweis stellen. Rund zehn Jahre nach seiner Ankunft ließ er an der Elizabeth Bay eine Villa bauen, die ihresgleichen in der Kolonie suchte. Auf wen genau die Entwürfe zurückgehen, ist nicht ganz sicher. Ausgeführt wurden sie von John Verge, dem angesagtesten Architekten der Zeit. Insbesondere das zentrale, elegant schwebende Treppenhaus mit filigraner Kuppel und bemalten Fensterlaternen gehört zu den architektonischen Meisterleistungen der Zeit und begeistert bis heute Architekturkenner und Besucher. Es kostete ein Vermögen. Auch der das Haus umgebende Park war avantgardistisch, berücksichtigte er doch die natürliche Buschlandschaft und passte die aus aller Welt importierte Pflanzenwelt daran an.

Die Wirtschaftskrise der 1840er Jahre brach Macleay finanziell das Genick. Sein Sohn William übernahm zwar die Schulden, katapultierte die verbitterten Eltern jedoch 1845 aus dem Haus und lebte fortan allein darin. Nur einmal im Jahr suchte ihn der Geist des Vaters heim: Am Tag der Wintersonnenwende halbiert die aufgehende Sonne das Haus exakt durch die Vordertür und taucht die Architrave und Steinböden in gleißendes Licht.

Adresse 7 Onslow Avenue, Elizabeth Bay, NSW 2011, Tel. +61/2/93563022, www.sydneylivingmuseums.com.au/elizabeth-bay-house | ÖPNV Bus 311, Haltestelle Greenknowe Ave, Züge T4 und South Coast Line, Haltestelle Kings Cross | Anfahrt Kings Cross Car Parking, 9a Elizabeth Bay Road, NSW 2011 | Öffnungszeiten Fr–So 10–16 Uhr, Eintritt 15 AUD, ermäßigt 12 AUD, Familien 38 AUD | Tipp Vom ehemals 21 Hektar großen Park ist kaum etwas übrig. Erhalten ist aber die schattenspendende Grotte mit Felsendach, entworfen von John Verge, etwa 100 Meter südlich des Hauses, auf der Onslow Avenue.

38 Das Elizabeth Farm House

Unter weichen Possumdecken

Australiens ältestes erhaltenes Gehöft vermutet man in dieser Gegend wahrlich nicht. Neben 1950er-Jahre-Bungalows, die ihre besten Jahre hinter sich haben, mit Blick auf die nahen Hochhäuser, liegt in einer Senke im Stadtteil Rosehill ein wahres Kleinod versteckt. Elizabeth Farm wurde 1793 für das junge Militärehepaar John und Elizabeth Macarthur und deren schnell wachsende Familie erbaut.

Beide waren 1790 mit der zweiten Flotte nach Sydney gekommen, John kurz darauf zum Gouverneur des für die landwirtschaftliche Versorgung Sydneys wichtigen Vorortes Parramatta ernannt worden. Eine damalige Tagesreise vom Hafen entfernt, auf den fruchtbaren Böden, die eigentlich dem Burramattagal-Stamm aus dem Volk der Dharug gehörten, wurden Macarthur 40 Hektar Land zugewiesen, auf denen er ab 1801 Merinoschafe züchtete und damit zum Pionier australischer Wollherstellung avancierte. Daneben gründete er Australiens ersten kommerziellen Weinberg, züchtete Pferde und war in allerlei abenteuerliche Geschichten aus der Frühzeit der Kolonie verstrickt. Darüber, ob er eventuell sogar Australiens erster Olivenzüchter war, streiten sich die Geister. Sicher ist, dass der uralte Olivenbaum im blumenreichen Garten der Farm von ihm eigenhändig gepflanzt wurde.

Heute lädt das in späteren Jahren erweiterte Farmhaus zur Reise in die Vergangenheit ein. Anfassen ist dabei ausnahmsweise ausdrücklich erlaubt. Im kühlen Innenhof des Gebäudes kann Wäsche am Waschbrett bearbeitet werden, es gilt, den Tisch des Esszimmers zu decken, das Kaminfeuer zu schüren oder die Gewürze der Hofküche zu probieren. Selbst im Himmelbett mit weicher Possumdecke darf man Probe liegen, um so dem Geist der Kolonialzeit näherzukommen. Bei Tee und warmen Scones mit viel Sahne kann man im kleinen angeschlossenen Café seinen australischen Heimatmuseumsbesuch Revue passieren lassen.

Adresse 70 Alice Street, Rosehill, NSW 2142 | ÖPNV S-Bahn Western Line, Haltestelle Harris Park; Bus 909, Haltestelle Alice/Alfred St; Fähre Parrametta River Ferry, Haltestelle Parrametta Wharf | Anfahrt kostenfreies Parken in der Alice Street | Öffnungszeiten Di–Sa 10–16 Uhr, Eintritt 12–15 AUD | Tipp Der indigene Stammesname Burramattagal bedeutet in der Sprache der Aborigines »Ort, an dem sich die Aale hinlegen«, und bezieht sich auf deren Brutplätze am nahen Parramatta-Fluss. Heute erzählen die Informationstafeln des »Riverside Walk« (346 Church Street, Parramatta, NSW 2150) von der uralten Geschichte und einstigen kulinarischen Fülle des Flusses.

39 Emperor's Garden

Chinesischer Puddingtraum

Nicht alles, was auf den Kaiser von China verweist, muss automatisch gut sein. Im Fall des »Emperor's Puff«, des kaiserlichen Cremebällchens also, sind die nächtlichen Schlangen vor der eigens dafür geschaffenen Ausgabestelle der Bäckerei »Emperor's Garden« allerdings ein Indikator dafür, dass die Süßspeise so schlecht nicht sein kann. Wer Zeit und Muße hat, sich einzureihen, steht am Ende vor einer eher ruppigen Dame, die ohne viel Aufhebens die gewünschte Stückzahl warmer Puddingbälle verpackt und auch möglichst schnell die Bezahlung dafür einkassiert.

Zeit ist hier Geld, denn bei einem Preis von 50 Cent für eine Kaiserkugel macht die Menge den Unterschied. Wer gar keine Lust auf Schlangestehen hat, sucht sich in der Bäckerei eines der vielen Teilchen aus den verschrammten Selbstbedienungstheken aus, zum Beispiel ein Pastetchen mit Lotusbreifüllung oder die seit der Gründung der Bäckerei vor 50 Jahren konstant hergestellten Teigtaschen mit Schweinefleisch. Fündig wird der Hungergeplagte auch in einem der dicht an dicht gelegenen Restaurants und Imbisse in der Dixon Street und deren Umgebung. Chinesen leben nicht erst seit gestern im Stadtteil Haymarket.

Als die Stadtverwaltung in den 1920er Jahren ein großes Obst- und Gemüsemarktgebäude in der Campbell Street errichtete, strömten chinesische Gärtner aus den Vorstädten herbei, um dort ihre Waren anzubieten. Bald siedelten sich in der Umgebung der Markthallen einfache Pensionen und Garküchen zur Versorgung der vielen Marktarbeiter an Zwar hat sich seit der offiziellen Auszeichnung als »Chinatown« in den 1980ern viel verändert, insgesamt ist das Viertel trotz vieler Touristen aber authentisch geblieben, ohne in der Vergangenheit kleben zu bleiben. Es hat sich zu einem pulsierenden asiatisch-australischen Zentrum urbaner Moderne und Konsumkultur entwickelt, das sich mittlerweile bis hinunter zum Darling Harbour zieht.

Adresse 75 Dixon Street, Haymarket, NSW 2000 | ÖPNV Straßenbahnen L2 und L3, Haltestelle Chinatown | Anfahrt teures Parken im Parkhaus 2 Quay Street, Haymarket, NSW 2000 | Öffnungszeiten Bäckerei Mo–So 8–22 Uhr, Kaiserbällchen 12–23 Uhr | Tipp Dass chinesische Händler eventuell lange vor der Ankunft James Cooks australischen Boden betraten, hört man nicht so gerne. Im nahen Museum of Chinese in Australia (MOCA) lässt sich das jahrhundertelange Dazutun der Einwanderer zum Gelingen der jungen Nation in wechselnden Ausstellungen nachvollziehen (744 George Street, Haymarket, NSW 2000, Do–Sa 12–17 Uhr, www.moca.com.au).

40 Das Enmore Theatre

Sydneys ältestes Live- und Lichtspieltheater

Bob Dylan, Nick Cave, KISS, Oasis, die Rolling Stones – die Liste derer, die in den letzten Jahrzehnten bewusst in diesem schönen Art-déco-Gebäude auftraten, ist lang. Warum ganze Stadien mit 100.000 Menschen füllen, wenn man ebenso gut in einem rund 2.000 Plätze zählenden historischen Theater auftreten kann? Aber das Enmore im Stadtteil Newtown ist Sydneys am längsten ununterbrochen betriebenes Livetheater und genießt eben Kultstatus unter den Stars dieser Welt. Für Mick Jagger von den Stones spielte auch eine Rolle, dass seine Mutter Eva im Jahr 1913 in einem Haus in der Nähe des Theaters das Licht der Welt erblickte.

Die Geschichte des Enmore ist äußerst wechselvoll. 1912 eröffnet als Stummfilmkino mit Orchesterbegleitung, gehörte es einst den legendären Szarka Brothers. William »Bill« Szarka, auch »König von Newtown« genannt, galt in den 1920er Jahren als der Unterhaltungsguru Sydneys, peppte das Enmore auf und wusste auch sich selber stets gekonnt in Szene zu setzen. Mit königlich roter Samtrobe bekleidet und in Begleitung mehrerer ebenso aufwändig ausstaffierter Knappen kündigte er die Aufführungen an und wurde so selber zur Sensation. Bill war auch Boxpromoter – dann trat er dem Publikum gerne mit dicker Zigarre entgegen.

Nach dem Verkauf 1936 wechselte das Theater mehrmals die Eigentümer, bis es 1969 an die nicht minder exzentrische Louis Family verkauft wurde, die dort bis 1984 ausschließlich griechischsprachige Filme zeigte. Das kam gut an in der noch zu 13 Prozent aus griechischen Einwanderern bestehenden Nachbarschaft. Mittlerweile ist das Enmore eine verlässlich gute Anlaufstelle für Livekonzerte oder Alleinunterhaltershows im einzigartig historischen Ambiente mit freilich verbesserter Licht- und vor allem Musiktechnik. Da trifft es sich gut, dass sämtliche Lärmbeeinträchtigungsklagen der Anwohner 2020 durch eine Gesetzesänderung für immer abgewiesen wurden.

Adresse 118–132 Enmore Road, Newtown, NSW 2042 | **ÖPNV** Bahn T2 und T3, Haltestelle Newtown oder Busse 355, 423, 426, 428 und M30, Haltestelle Enmore Theatre | **Anfahrt** kostenpflichtiger Enmore Theatre Car Park, 110 Edgeware Road | **Öffnungszeiten** siehe Aufführungskalender unter www.enmoretheatre.com.au; der Vorraum des Theaters ist unregelmäßig öffentlich zugänglich | **Tipp** Konzert verpasst? Der nahe Vintage-Vinyl-Laden Egg Records (3 Wilson Street, Newtown) führt eine der besten Auslesen der Stadt mit einer großen Auswahl neuer und gebrauchter Platten und CDs aller nur erdenklichen Musikrichtungen sowie Filmklassiker, T-Shirts und Memorabilia.

41 Der Fish Butcher

Verwertung von Maul bis Flosse

Wer kennt ihn nicht, den leichten Anflug von Ekel beim Betreten eines Fischgeschäftes? Noch immer wird dort die Ware auf Eis und meist heftig stinkend angeboten. Selbst eingefleischten Fischliebhabern verschlägt es da manchmal den Atem. Die jungen Köche und Gastronomen Josh und Julia Niland wagten 2018 mit gerade einmal Mitte 20 eine Neuinterpretation des traditionellen Fischladens und eröffneten in Paddington ihre Fischmetzgerei mit vollkommen anderem Konzept. Zunächst kommen die Tiere bei ihnen nach dem Fang nicht mehr mit Wasser in Berührung, sondern werden in kontrollierten Trockenräumen gelagert. Die dadurch länger haltbare Speisedelikatesse kann der Kunde anschließend in akkurat ausgeleuchteten Marmorvitrinen begutachten. Doch selbst wenn es sich so anhört – Nilands sind keine reinen Effekthascher. Nachhaltigkeit ist ihr oberstes Prinzip. Sie arbeiten mit nur wenigen, namentlich genannten Fischern zusammen, von denen sie mit zum Teil seltenen oder auch nie auf Tellern landenden Arten beliefert werden. Überfischte Sorten und solche aus mit Antibiotika verseuchten Zuchtbecken gibt es hier nicht. Verwertet wird zudem das ganze Tier und nicht nur seine schönen Filets. So entsteht Schwertfischspeck, Tintenfischschinken oder auch mal ein Fischchutney. Bekömmliche Reste verarbeiten die beiden zur ersten Fischwurst des Kontinents, an die sich auch hartgesottene Gourmets erst gewöhnen müssen, ebenso wie an die Chips aus Fischaugen.

Immer freitags jedoch stehen Fans des Ladens für stets wechselnde Fischpasteten Schlange, denn wer sich die Zubereitung der ausgewählten Grätentiere daheim nicht zutraut, kann aus einem Angebot warmer Mitnahmespeisen wählen, zu denen sogar eine Edelvariante der klassischen Fish and Chips gehört. Oder man besucht gleich das nahe Fischrestaurant Saint Peter (362 Oxford Street), das ebenfalls von den Nilands geführt wird.

Adresse 388 Oxford Street, Paddington, NSW 2021, www.fishbutchery.com.au | **ÖPNV** Busse 333, 352 und 440, Haltestelle Oxford St after William St | **Anfahrt** kostenpflichtiges Parken auf der Oxford Street | **Öffnungszeiten** Mi–Sa 10–19 Uhr, So 10–18 Uhr | **Tipp** Konventioneller geht es auf dem Fish Market Sydney zu, dem drittgrößten Fischmarkt der Welt in Bezug auf die Vielfalt seines Angebotes. Wer sehen möchte, wie täglich über 50 Tonnen Meeresfang an 150 Käufer versteigert werden, nimmt an einer der lebendigen »Behind the Scenes«-Touren von Alex Stollzow teil (Pyrmont Bridge Road / Bank Street, Pyrmont, NSW 2009, www.sydneyfishmarket.com.au).

42 Das Goodes Mural

Neue Helden sucht das Land

In Sydneys Innenstadt stehen mehr als 25 öffentliche Statuen historischer Helden der ehemaligen britischen Kolonie. Darunter sind die von Captain Cook, Gouverneur Arthur Phillip, Gouverneur Lachlan Macquarie oder Königin Victoria. Nach Monumenten indigen-australischer Identifikationsfiguren sucht man vergebens. Dass Australien vor seiner Kolonialisierung 40.000 Jahre von den Mitgliedern der ältesten durchgehenden Kultur der Weltgeschichte besiedelt wurde, die auch Legenden und Idole hervorbrachte, spiegelt sich nicht wider.

Ein immenses, 2020 entstandenes Street-Art-Wandbild des einstigen Footballstars Adam Goodes gehört zu den raren Denkanstößen für eine neue Denkmalkultur. Goodes, dessen Mutter von den südaustralischen Stämmen der Adnyamathanha und Narungga abstammt, ist eine der bedeutendsten neuen Ikonen für die Rechte der Aborigines. In einem aufsehenerregenden Akt zog er sich 2015 aus dem Profifootball zurück, nachdem Zuschauer ihn wiederholt rassistisch beschimpft und ausgebuht hatten und er sich von der Australian Football League (AFL) nicht unterstützt fühlte. Er sei nicht dazu bereit gewesen, die jahrelangen Beschimpfungen weiterhin als Lappalie hinzunehmen, so Goodes. Der »Australier des Jahres 2014« wurde mit seinem Rücktritt zur Leitfigur einer jungen Generation.

Als Privatperson macht er bis heute regelmäßig auf die nicht gelösten Missstände in der indigenen Gesellschaft aufmerksam. Deren Mitglieder erfahren in ihrem Leben 40-mal häufiger häusliche Gewalt, kommen 14-mal häufiger ins Gefängnis und sterben im Schnitt mindestens zehn Jahre früher als nicht indigene Australier. 2019 entschuldigten sich die AFL und deren 18 Mitgliedsvereine offiziell bei Goodes mit den Worten, man habe die Spieler der Aborigines und Torres-Strait-Insulaner in der Vergangenheit im Stich gelassen und wolle von nun an stark gegen Rassismus vorgehen.

Adresse 120 Foveaux Street, Surry Hills, NSW 2010 | **ÖPNV** Busse 304, 305, Haltestelle Crown St at Foveaux St | **Anfahrt** kostenpflichtige Parkplätze am Straßenrand | **Öffnungszeiten** immer zugänglich | **Tipp** Die bisher einzige Bronzestatue einer indigenen Ikone ist die der 1998 verstorbenen »Mum Shirl«, die sich zeitlebens um die Rechte Strafgefangener und vernachlässigter Kinder in Sydney kümmerte. Sie wurde privat gestiftet und steht neben dem Eingang zur St Vincent De Paul Church (117 Redfern Street, Redfern, NSW 2016).

43 Der Governor Phillip Lookout

Nirgends Ackerland in Sicht

Im Zwickel rauschender Hauptverkehrsadern versteckt liegt dieses kleine Naturreservat, an dem selbst Einheimische täglich vorbeifahren, ohne es jemals besucht zu haben. Dabei ist der Hügel mit einer für Sydneys Verhältnisse beachtlichen Höhe von 155 Metern über dem Meeresspiegel eine der höchsten Erhebungen der Stadt und bietet eine tolle Aussicht auf die östlichen Vororte und den Küstenverlauf. An Tagen mit guter Sicht lassen sich von seiner Spitze aus sogar die Berge der fernen Blue Mountains erkennen.

Das fand schon Admiral Arthur Phillip spannend, der erste Gouverneur von New South Wales, der das Sandsteinmassiv im Jahr seiner Landung erkundete. Im April 1788 soll er den Hügel auf seiner Expeditionssuche nach brauchbarem Ackerland für die neu gegründete Kolonie bestiegen haben. Der britische Marineoffizier, geboren 1738 in Bath als Sohn eines Frankfurter Buchhändlers und einer Engländerin, hatte schnell gemerkt, dass die Gegend um den Hafen für die Selbstversorgung wegen des Mangels an guten Böden nicht geeignet war. Auch am Fuß des vier Hektar großen Steinbrockens wurde er nicht fündig. Dafür bekam dieser 1933 zur Erinnerung an seinen ersten westlichen Besteiger den Namen »Governor Phillip Lookout«.

Das trigonometrische Leuchtfeuer, auf Englisch »Beacon«, das dem Viertel unterhalb des Hügels seinen Namen gab, wurde 1881 errichtet und wird bis heute für Vermessungen genutzt. Sein Standort gilt als Geheimtipp für beste Ausblicke in der Silvesternacht. Und die zugewachsene Erhebung birgt weitere Überraschungen: In einem mittlerweile stillgelegten Steinbruch nördlich des Gipfels wurden zu Anfang des 20. Jahrhunderts mehr als 200 Millionen Jahre alte Fossilien von Triasfischen, Insekten, Krebstieren, Pflanzen und kleinen Amphibien entdeckt. Sie stammen aus einer Zeit, als nicht Lastwagen und Autos den Stein umkreisten, sondern ein tosendes Urmeer.

Adresse Warringah Road, Beacon Hill, NSW 2100 | ÖPNV Bus 193, Haltestelle Warringah Rd opp Beacon Hill Rd | Anfahrt kostenloses Parken in der Haltebucht am Fuß des Hügels oder am Rande der Sportplätze (35 Willandra Road, Beacon Hill, NSW 2100) | Tipp Hungrig nach dem Aufstieg? Am nahen Strand von Dee Why betreiben der ehemalige australische Rugbystar Ryan Girdler und seine deutsche Frau Katja eines der ersten nachhaltigen Cafés Sydneys, dessen »Smashed Avocado« mit Feta, Ei und Sauerteigbrot Kultstatus hat (Girdlers, 7–8 The Strand, Dee Why, NSW 2099).

44 Der Great Emu

Zeichen der Vergangenheit

Bei aller Schönheit des heutigen Sydney schadet es nicht, gelegentlich auch an diejenigen zu denken, die vor nicht langer Zeit aus diesem Paradies vertrieben wurden. Ob dahingerafft von eingeschleppten Krankheiten, gegen die sich ihr Immunsystem nicht zu schützen wusste, oder ermordet durch die Hand brutaler Siedler, von der einstigen Bevölkerung dieser herrlichen Landstriche ist heute kaum noch etwas zu spüren.

Das Unrecht wird von Teilen der australischen Bevölkerung gerne verdrängt und gilt als absolutes Tabuthema bei Gesprächen. Allein die Zahl der erhaltenen, oft sehr versteckt liegenden und zum Teil Tausende Jahre alten Gravuren in Sydneys Sandsteinfelsen wird auf 6.000 geschätzt. Eines der eindrucksvollsten letzten Zeichen dieser Zivilisation ist das des großen Emu im Ku-ring-gai-Nationalpark am nordöstlichen Ende der Stadt. Während der Rest der Welt sich vom Glanz der Sterne blenden ließ und astronomische Symbole aus imaginär dazwischenliegenden Verbindungslinien schuf, gab für die Aborigines die Dunkelheit inmitten der hellen Punkte den Ausschlag. Das Zeichen des Emu ist für sie der schwarze Hohlraum zwischen den Sternen der Milchstraße. In klaren Nächten spiegelt der sich im in den Fels geschlagene Vogel wider und zeugt von den astronomischen Kenntnissen der Aborigines. Auch viele weitere Steinritzungen kann man hier mit etwas Suche und Phantasie finden, vor allem nach einem Regenguss. Dann sind sie besonders gut im Stein zu erkennen.

Wer dem heiligen Ort seinen höchsten Respekt erweisen möchte, zieht vor dem Betreten seine Schuhe aus und spürt mit etwas Hingabe vielleicht sogar die Kraft der verlorenen Kultur durch sich hindurchfließen. Einfacher zugänglich und ebenfalls eindrucksvoll sind im Stadtgebiet beispielsweise die Steingravuren in Bondi (22–24 Military Road, North Bondi, NSW 2026) oder am Grotto Point (6 Cutler Road, Clontarf, NSW 2093).

Adresse Einfahrt zum Park in der Westhead Road. Vom Ranger bekommt man eine kostenlose Karte zu den verschiedenen Walks. Der schmale Pfad zur Felsplattform beginnt etwa 150 Meter nach Beginn des Elvina Tracks auf der rechten Seite zwischen Pflanzenbewuchs. | ÖPNV kein öffentlicher Nahverkehr im Park | Anfahrt Eintritt 12 AUD pro Auto, Parkbuchten an den jeweiligen Walks | Öffnungszeiten Mo–So 7–19 Uhr, bei Feuergefahr geschlossen, Informationen und aktuelle Warnungen unter Tel. +61/2/130 072757 oder über nationalparks.nsw.gov.au | Tipp Den ehemaligen Bewohnern dieser Landschaft kann man sich anschließend auf dem kurzen Red Hands Cave Walk beim Anblick uralter ockerfarbener Handabdrücke in einer Felsnische noch näher fühlen (siehe Karte des Parks).

45__Grumpy Donuts

Viel Freude mit mürrischem Fettgebäck

Wer den kalorienhaltigen Teigkringel mit dem Namen Donut einst erfand, ist nicht abschließend geklärt. Die Australier waren es jedenfalls nicht. Aber einen »National Donut Day« gibt es trotzdem. Alljährlich am ersten Freitag im Juni wird offiziell die hohe Kunst der Fettglasur gefeiert.

Der Tag hat einen ernsten Hintergrund, gedenkt er doch der »Donut Lassies«, die während des Ersten Weltkriegs die Moral der Soldaten durch die Verteilung von Selbstgebackenem stärkten. 250 solch freiwilliger junger Frauen entsandte die australische Heilsarmee nach Frankreich, wo sie Hütten in Frontnähe errichteten, Backwaren verteilten, Briefzubehör ausgaben und Kleidung der Soldaten reparierten. »Heute habe ich 22 Kuchen, 300 Donuts und 700 Tassen Kaffee verteilt«, schrieb eine der »Lassies«, umgangssprachlich für »Mädels«, stolz in sein Tagebuch. Auf die gleiche Menge Gebäck kommen Elise Honeybrook und Scott Clark locker an einem Vormittag. Ihr an einer stark befahrenen Straße liegender Laden »Grumpy Donuts«, mit dem vom Portlander Grafiker Joey Souza entworfenen bösen Zuckerkringel als Markenzeichen, serviert die extravagantesten Donuts der Stadt. Bei den stets wechselnden Geschmacksrichtungen sind auch schon mal Bacon, Gin oder Buttertoast dabei, neonfarbige Glasuren gehören zum guten Ton.

Die Leidenschaft der beiden geborenen Sydneysider für das Zuckerwerk begann auf einer Reise durch Kanada und Amerika. Zurück in der Heimat waren die Entzugserscheinungen groß, aber eben keine richtigen Kringel zu bekommen. Elise und Scott fingen an, nachts in ihrer kleinen Küche eigene Kreationen zu backen, die sie morgens an Cafés auslieferten. Heute werden die Donuts in der offen einsehbaren Küchenzeile des Ladens handgefertigt. Wer für ihren Verzehr Ruhe braucht, geht in die Seitenstraße und genießt seinen Donut vor den großflächigen Graffitis örtlicher Künstler.

Adresse 72 Pyrmont Bridge Road, Camperdown, NSW 2050 | ÖPNV Straßenbahn L1, Haltestelle Jubilee Park; Train T1, Haltestelle Newtown; Bus 470, Haltestelle Booth St. at Young St. Annandale | Anfahrt kostenlose Parkplätze in der Gehrig Lane, Zeiten beachten! | Öffnungszeiten Mo–Fr 8–16 Uhr, Sa 9–16 Uhr, So 10–14 Uhr | Tipp Nach dem Genuss der Fettkringel rasch ein paar Kalorien verbrennen? Den größten Boulderbogen der südlichen Hemisphäre findet man in der nahen 1.000 Quadratmeter großen Kletterhalle Nomad (1 Gehrig Lane, Camperdown, NSW 2050).

46 Die Gunners' Barracks

Zum High Tea in die ehemalige Kaserne

In England, dem Mutterland Australiens, kennt man ihn als Afternoon Tea. Die nachmittägliche Teestunde findet dort mittlerweile eher unregelmäßig oder anlassgebunden, dafür traditionellerweise stets zwischen drei und fünf Uhr statt.

Ihr Ursprung liegt im frühen 19. Jahrhundert. Üblicherweise wurden damals nur zwei Mahlzeiten am Tag eingenommen, das Frühstück und ein Abendessen gegen 20 Uhr. Das bekam weder hart schuftenden Arbeitern noch dekorativ vor sich hin sitzenden Herzoginnen besonders gut. Und so kam Anna Duchess of Bedford, einer Hofdame Königin Victorias, die Idee, sich mit dem ein oder anderen Schlückchen Tee, feinen Küchlein und zart belegten Sandwiches über den Nachmittag zu retten. Geboren war der Afternoon Tea, den die höhere Gesellschaft in niedrigen Sesseln oder auf Chaiselongues zu sich nahm. Wo die fehlten, setzte man sich an den Tisch, saß also hoch und nannte das Ganze dementsprechend »High Tea«. So lautet jedenfalls eine der Erklärungen für die beiden unterschiedlichen Bezeichnungen.

In Ermangelung einer geeigneten Adelsschicht wird man sich in Australien schnell auf den zweiten Namen für das Vergnügen geeinigt haben, und so ist es bis heute geblieben. Einer der stilvollsten Orte, um in Sydney einen High Tea einzunehmen, sind die Gunners' Barracks in Mosman. Die ehemalige Kaserne der Richtkanoniere wurde 1873 aus örtlich geschlagenen Sandsteinquadern erbaut und schmiegt sich versteckt in die Küstenlandschaft des Naturhafens. Im Inneren erwartet den Besucher eine dem plüschigen Charme ehemaliger Offizierskasinos nachempfundene Atmosphäre, vor allem aber eine große überdachte Terrasse mit spektakulärem Blick. Der auf blumigen Tellern und versilberten Etageren üppig kredenzte High Tea hätte das Herz der hungrigen Arbeiter höherschlagen lassen und selbst eine verwöhnte Herzogin pappsatt gemacht.

Adresse Suakin Drive, Georges Heights, Mosman, NSW 2088 (Kaserne ganz am Ende der Straße) | ÖPNV Bus 111, Haltestelle Middle Head Rd opp Markham Cl | Anfahrt kostenloses Langzeitparken auf dem vorletzten Parkplatz vor der Schranke am Suakin Drive | Öffnungszeiten Mo–So 10–17 Uhr, 65 AUD pro Person inklusive jeweils einer Kanne Tee, Reservierung unter www.gunnersbarracks.com.au | Tipp Die Kaserne ist durch Tunnel mit den angrenzenden Wehrbauten verbunden, die Teil eines ganzen Befestigungsnetzes zum Schutz des Hafens waren. Auf der Schützenplattform oberhalb der Gunners' Barracks steht noch eine der historischen Kanonen.

47_Der Hayden Orpheum Picture Palace

Glanzvolle Zeit, neu erdacht

Schon der Name spricht Bände. Die palastartigen Räume dieses Kinos können doch nur in den glorreichen Jahren der Lichtspieltheater entstanden sein, oder? Erbaut wurde das Orpheum 1935 vom Theaterarchitekten George Newton Kenworthy im Stil des Art déco, das ist verbürgt.

In den 1980er Jahren jedoch diente es als zweitklassige Einkaufspassage, voller Ratten und Taubendreck in den Zwischendecken aus Beton. Erst als der Kinoenthusiast Mike Walsh sich der Sache gemeinsam mit dem Theaterhistoriker John Love annahm, durfte das Kino wieder in altem Glanz erstrahlen. Na ja, »wiedererfundenem Glanz« wäre wohl angemessener als Begriff. Denn Walsh, ein populärer Fernsehmoderator der 1970er Jahre, ließ das alte Gebäude und seine Säle 1987 nicht nur auf eigene Kosten sanieren, er erfand auch sein Inneres anhand der noch erhaltenen Elemente neu. Installiert wurde etwa eine historische Wurlitzer Orgel des legendären Orgelbauers Robert Hope-Jones, die ursprünglich Stummfilme im kalifornischen Fresno begleitet hatte. Jeden Samstagabend vor der großen Vorführung fährt das weiße Prachtstück nun aus der Versenkung auf der Bühne des Hauptsaals empor und wird vom hauseigenen Organisten Neil Jensen zur Einstimmung des Publikums musikalisch bearbeitet. Das sitzt in erwartungsvoller Vorfreude tief in rotem Plüsch versunken und freut sich an der überbordenden Ornamentik des Saals.

Was unter der Hand Walshs und Loves entstand, feiert die alten Tage der Filmpaläste und deren Inszenierung als etwas kulturell Bedeutsames. Wen stört es da schon, dass nicht alles unbedingt originalgetreu wiederhergestellt wurde. Am ersten Freitag des Monats geht es unzivilisiert zu. Dann trifft sich eine grölende Fangemeinde zur Vorführung von »The Room«, einem international mehrfach als schlechtester jemals produzierter Film ausgezeichneten Fremdschämdrama von 2003.

Adresse 380 Military Road, Cremorne, NSW 2090 (Vorbestellung und Programm unter www.orpheum.com.au) | **ÖPNV** Busse 100, 114, 144, 228, 230 und andere, Haltestelle Military Rd opp Holt Ave | **Anfahrt** kostenfreies Parken in den Nebenstraßen | **Öffnungszeiten** Mo geschlossen, Vorstellungen ab mittags | **Tipp** Die wild dekorierte Brasserie »Radio Cairo« gegenüber dem Kino (88 Spofforth Street, Mosman, NSW 2088) ist der traditionelle Treffpunkt einheimischer Kinogänger vor und nach der Vorstellung.

48 Das Henson Park Stadium

Vom Todespool zur Fanmeile

Ein Hauch von Bier und Bratwurst umweht die große Rasenarena, in der sich an guten Tagen über 20.000 Zuschauer tummeln. Hier geht es recht bodenständig zu, wie so oft beim australischen Sport. Denn im Henson Park Stadium in Marrickville werden die Spiele der populärsten Zuschauersportarten des Landes ausgetragen: Rugby und Australian Football, nur Sportbanausen übersetzen Letzteren mit Fußball. Für explizitere Erklärungen zu Regeln und Unterschieden beider Ballspiele wende man sich samstags ab 15 Uhr vertrauensvoll an einen der Fans. Er wird begeistert Auskunft geben, denn die Anhänger der Newtown Jets, wegen der Farbe ihres Trikots auch Blausäcke genannt, sind nicht nur mit Großfamilie plus Hund, sondern auch mit ganzem Herzen dabei.

Der Newtown Rugby League Football Club nennt Henson Park seit den 1930er Jahren sein Haus- und Hofstadion. Die wuchtige King-George-V-Memorial-Tribüne aus derselben Zeit fasst nur rund 1.000 Gäste, alle anderen stehen, sitzen oder liegen auf dem großen Rasenhügel und schauen von dort aus zu. Picknicken ist erwünscht, nur Alkohol darf man nicht mit aufs Gelände bringen. An Buden auf dem Platz kann man Bier kaufen. Da es keinerlei Schatten gibt, gehören Hut und Sonnencreme unbedingt zur Ausstattung.

Dass dieser Ort auch eine tragische Geschichte hat, weiß kaum jemand der Feiernden. Vor seiner Umwandlung zum Stadion war das Gelände die größte Ziegelgrube im inneren Westen der Stadt. Bei Starkregen füllte sie sich regelmäßig für längere Zeit mit Wasser. Trotz der Umzäunung schlichen sich die Kinder der Umgebung an den so entstandenen See – und ertranken. Neun Jungs zwischen fünf und 15 Jahren hatte die Grube auf dem Gewissen, als der Council von Marrickville 1925 beschloss, sie zu entwässern und zuzuschütten. Nun flitzen Kinder zur Halbzeit ballspielend über den über alles gewachsenen Rasen.

Adresse 22 Centennial Street, Marrickville, NSW 2204 | **ÖPNV** Bus 428, Haltestelle Marrickville High School, Centennial St, Stand A, Bahnen T2 und T3, Haltestelle Marrickville | **Anfahrt** Parken auf dem Gelände für Frühankömmlinge, sonst kostenpflichtig in den Seitenstraßen | **Öffnungszeiten** Gelände immer zugänglich, Spiele von März bis August, Sa 15 Uhr, Eintritt 15 AUD, Kinder unter 16 frei (Infos www.newtownjets.com) | **Tipp** Der seit über 20 Jahren bestehende Addison Road Community Garden ist einer der vielen innerstädtischen Gemeinschaftsnutzgärten Sydneys. Wochenends verkaufen seine Mitglieder Setzlinge, Samen und Marmeladen (142 Addison Road, Marrickville, NSW 2004, hinter der Greek Cultural Association und der Martial Arts Academy).

49_Das Hotel Hollywood

Glamour vergangener Jahre

»Sie ist 24, hat ein Lächeln wie Sonnenschein, einen deftigen Humor und ragt in ihren Nylons fast 1,70 Meter in die Höhe«, so schrieb die Zeitschrift Australian Women's Weekly 1954 begeistert über die in Sydney geborene Schauspielerin Doris Goddard, die soeben ihre erste Rolle in einem internationalen Film ergattert hatte. Als Prototyp der bis heute die Strandpromenaden bevölkernden braun gebrannten blonden Sportskanone spielt die »Gorgeous Goddard« eine Athletin in der britischen Olympia-Schmonzette »Geordie«. Dabei war die für damalige Verhältnisse mit sogar ganzen 178 Zentimetern als nahezu riesenhaft geltende Schönheit zeitweise das genaue Gegenteil vom fitten Aussie Girl.

Von klein auf hatte Goddard mit einem Herzfehler zu kämpfen, der erst im Erwachsenenalter in einer Londoner Klinik behoben werden konnte. Einmal in der Hauptstadt des British Empire angekommen, nutzte sie ihr Talent und trat in Kabaretts auf, wo sie als Schauspielerin entdeckt wurde. Ihr erster Film lief auch in den USA erfolgreich in den Kinos und bescherte Goddard Rollen an der Seite von Katharine Hepburn und Bob Hope. Die Liebe zu ihrer Mutter, die das einzige, allein großgezogene Kind inständig um die Rückkehr bat, brachte sie nach Sydney zurück. Doris hängte die Karriere schweren Herzens an den Nagel und wandte sich der Gastronomie zu.

1977 kauften sie und ihr Mann Charlie Bischop das markante Hotel Hollywood, das seinen Namen 1940 wegen der vielen Kinos in der Umgebung bekommen hatte und als einer der ersten Pubs überhaupt Alkohol an weibliche Gäste ausschenkte. Während Charlie hinter der Bar stand, sang Doris allabendlich zur Ukulele und lebte noch bis ein Jahr vor ihrem Tod 2019 über ihrem geliebten Pub. Der neue Eigentümer will alles so erhalten, wie es ist, und ihr Erbe weiterführen: Dreimal in der Woche treten Livebands auf.

Adresse 2 Foster Street, Surry Hills, NSW 2010 | **ÖPNV** Busse 311, 333, 373, 377 und 392, Haltestelle Museum Station, Liverpool St, Züge South Coast Line und T1 bis T4 und andere, Haltestelle Museum | **Anfahrt** Parkhaus Wilson Parking, 26 Nithsdale Street, Sydney, NSW 2000 | **Öffnungszeiten** Mi 16.30–24 Uhr, Do 16.30–24 Uhr, Fr 15–24 Uhr, Sa 16–24 Uhr | **Tipp** Wie wäre es vorher stilecht mit einem Besuch im Golden Age (80 Commonwealth Street, Surry Hills, NSW 2010), einem original erhaltenen Art-déco-Programmkino direkt um die Ecke des Pubs? Programm unter www.ourgoldenage.com.au.

50__Die »James Craig«

An Bord des historischen Seglers

Wer das Kap Hoorn umrundet hat, dem kann auf See keiner mehr etwas vormachen. Dieser altehrwürdige Kahn hat die umtoste chilenische Landspitze, deren Strände etwa 800 Wracks säumen, gleich 20-mal bewältigt. Die original erhaltene »James Craig«, erbaut 1874 in England, verkehrte 26 Jahre lang auf den Handelsrouten der Kolonien, bis man sie in den 30er Jahren des 20. Jahrhunderts in der südtasmanischen Recherche Bay nach einem Sturm einfach liegen ließ. 40 Jahre lang rottete sie vor sich hin und wurde Ziel von Plünderern und Vandalen – bis die freiwilligen Helfer der gemeinnützigen Organisation Sydney Heritage Fleet sie entdeckten. Der Verein restauriert und betreibt eine Flotte mit der weltweit größten Sammlung noch einsetzbarer Schiffe und Boote.

Das aufwendig restaurierte Schiff ist einer von vier weltweit noch erhaltenen Großseglern aus dem 19. Jahrhundert und der einzige, auf dem auch Privatpersonen mitreisen dürfen. Abgelegt wird in Pyrmont, einer ehemals üblen Hafengegend mit Kriminalität und dunklen Gestalten, die sich längst zum angesagten Stadtteil entwickelt hat. Das vom Politiker John Macarthur 1799 für eine Gallone Rum erstandene Gebiet verfügt heute über zahlreiche Landschaftsparks, preisgekrönte Architekturen und ein pulsierendes Nachtleben.

Die Passagiere müssen keine Vorkenntnisse mitbringen, sollten aber einigermaßen seefest sein. Denn die zunächst motorisierte Fahrt geht vorbei an den Architekturikonen Sydneys durch das natürliche Hafenbecken der Stadt bis aufs offene Meer. Die aus Freiwilligen bestehende Mannschaft, viele davon ehemalige Marineangehörige, demonstriert den Mitreisenden die Kunst des Segelsetzens und gibt Einblicke in Navigation und Geschichte des Schiffes. Wer bei so viel Abenteuer überhaupt noch essen kann, wird mit Frühstück und Mittagessen belohnt, ebenso wie mit dem Blick auf Delphine und gelegentlich Wale.

Adresse Wharf 7, 58 Pirrama Road, Pyrmont, NSW 2009 | ÖPNV Bus 389 | Anfahrt Teilnehmer bekommen vergünstigte Tarife im Harbourside Car Park (Murray Street). Das Ticket muss an der Rezeption der Wharf 7 entsprechend gegengezeichnet werden. | Öffnungszeiten Zeiten und Buchung unter www.shf.org.au. Erwachsene zahlen für die sechsstündige Tour 155 AUD, Kinder (ab 12 zugelassen) 65 AUD. Die »James Craig« ist auch als Museumsschiff zu besichtigen, siehe Homepage. | Tipp Wem zurück an Land die Beine wackeln, der nimmt einen Schnaps an der Bar der »Peg Leg Tavern«, deren Seemannsdekoration gut zu dem eben Erlebten passt (11A Pyrmont Bridge Road, Pyrmont, NSW 2009).

51 Der Jibbon Beach Midden

Wenn Muscheln sprechen könnten

Diesen Ort überhaupt zu sehen ist eine Herausforderung. Er stammt aus der Zeit, in der Kleopatra durch Ägypten wandelte. An den meisten Stellen bewachsen, hat sich hier einer der letzten »Aboriginal Midden« Sydneys erhalten. Nur langsam erkennt man die 3.000 Jahre alte Anhäufung entlang der gesamten Länge des Strandes. Jibbon Beach war über Jahrtausende ein bedeutender Platz der Aborigines. Die Stammesmitglieder der Dharawal haben hier gekocht, geschlemmt und mit den Resten ihrer Mahlzeiten die Erhebung geschaffen, die für Uneingeweihte einfach wie eine Düne aussieht. Der Restehaufen ist Zeuge der meeresfrüchtereichen Ernährung seiner Verursacher. Felsenaustern, Herz- und Miesmuschelreste sind ebenso dabei wie die Knochen vieler Fischarten. Die Archäologen fanden auch Wallaby- und Possumknochen, Schlangenhäute und, obwohl Bestattungen der Aborigines typischerweise außerhalb der Camps stattfanden, menschliche Überreste. Auch deshalb ist dies ein streng geschützter Ort, der nicht betreten werden darf.

Die Küste Sydneys war einst übersät mit solchen Haufen, die bis zu mehrere hundert Meter lang waren. Auch der Jibbon Midden erstreckte sich über die gesamte Länge des Strandes und war viel höher als heute. Als die ersten europäischen Siedler steinerne Häuser bauen wollten, fanden sie jedoch keinen Kalk zur Herstellung von Mörtel. Kurzerhand transportierten sie alle auffindbaren Muschelhaufen in die Kolonie, verkochten sie zu Kalk und mixten diesen etwa mit Samenschalen zu Mörtel. So entstanden für Sydney Häuser, und die Midden wurden nach und nach dezimiert. Eines des Gebäude, für dessen Bau der »Shelly Mortar« genutzt wurde, ist übrigens das Vaucluse House aus dem 19. Jahrhundert. Das historische Material ist dort bis heute in den Steinmauern der Wäscherei sowie in einer Reihe von Garten- und Stützmauern zu sehen (siehe Ort 102).

Adresse Jibbon Beach, Royal National Park, NSW 2232 (Strandweg im Zwickel von Neil Street und Loftus Street) | ÖPNV stündliche Fährverbindung mit der privaten Bundeena Ferry, Mo–Fr 5.30–18.30 Uhr, Sa, So 8.30–18.30 Uhr, Haltestelle Cronulla Wharf, Hin- und Rückfahrt 15 AUD | Anfahrt kostenloses Parken in der 1 Neil Street, Bundeena, NSW 2230 | Tipp Folgt man dem Rundweg am östlichen Ende des Strandes in den Bush, erreicht man nach rund 15 Minuten eine Aussichtsplattform über einem Felsen mit zahlreichen uralten Steinritzungen der Aborigines.

52 Jump Rock

Testosteron liegt in der Luft

Junge Männer aus dem gesamten Stadtgebiet versammeln sich allsommerlich am Jump Rock im Stadtteil Little Manly, um für den Beifall sonnengebräunter, gleichaltriger Bikiniträgerinnen den Felsenspringer von Acapulco zu spielen, oft in bereits angeheitertem Zustand. Von den schicken Segelyachten, die die Bucht wochenends überfüllen, tönt Musik, wahlweise auch Applaus. Das Gerücht, unterhalb des Felsens lebe ein gefährlicher Bullenhai, der in der Bucht auf Jagd gehe, konnte bisher noch keinen Halbstarken vom gewagten Sprung aus acht Meter Höhe abhalten, ebenso wie der fast drei Meter hohe Zaun, der, eigentlich zur Sicherheit der Jungspunde erbaut, nun als Erweiterung der Absprunghöhe vom Felsen dient.

Dass die Stadtverwaltung in den vergangenen Jahren einige Sprungtürme in den Freibädern Sydneys aus Altersgründen ersatzlos abriss, hat die Attraktivität der hohen Kante weiter gesteigert. Wie die Zöglinge und Ausbilder Sydneys der direkt gegenüberliegenden Polizeiakademie zu den wild springenden Horden stehen, ist nicht überliefert. Sicher ist, dass das Springen bei Strafe verboten und die kleine Sackgasse oberhalb des Felsens häufiger Anfahrtsort des örtlichen Notdienstes ist. Mehrere der kühnen Springer verletzten sich in den vergangenen Jahren. Wer nur zuschauen möchte, kann dies am besten vom nahen paradiesischen Strand Collins Flat aus, der einst ein wichtiger Ort der Eingeborenen war, weil hier Süß- auf Salzwasser trifft. Auch heute plätschert sommers wie winters ein wild umwachsener Wasserfall an seinem hinteren Ende und schafft Robinson-Crusoe-Atmosphäre pur. Wer hier abends vorbeischaut, hat seine Ruhe und entdeckt vielleicht ein Familienmitglied der kleinen örtlichen Pinguinkolonie, auch wenn Füchse den kleinen schwarz-weißen Schwimmern in den letzten Jahren großen Schaden zugefügt und deren Zahl stark dezimiert haben.

Adresse Stuart Street, NSW 2095. Um Collins Beach zu erreichen, folgt man dem Weg, der links vom Wendehammer aus an der Bucht entlangführt. | **ÖPNV** Ferry 1, Haltestelle Manly Wharf | **Anfahrt** kostenpflichtiges Parken am Little Manly Point, Stuart Street, NSW 2095 | **Öffnungszeiten** Collins Flat ist Teil des Schutzgebietes North Head und ab Einbruch der Dunkelheit geschlossen. | **Tipp** Die nahe Landzunge Little Manly Point beherbergte einst eines der ersten Gasometer Sydneys und ist heute ein idyllischer Erholungspark mit Schautafeln zu seiner Geschichte, Picknickplätzen und schönen Ausblicken auf die Bucht von Manly (Eingang Ende Stuart Street, NSW 2095).

53_Die King Street

Heimat der Exzentriker

Der kleine Stadtteil Newtown im inneren Westen der Stadt ist die Hochburg aller Exzentriker Sydneys. Wer meint, ihn könne in Sachen urbaner Bohemiens nichts mehr erschüttern, wird hier mit Sicherheit eines Besseren belehrt. Bärtige Herren in eng anliegenden Blümchenkleidern, geschlossenen Auges in Trance wandelnde Damen mit Papageien auf der Schulter und Zylinder oder bunt geschminkte Mischwesen auf Rollschuhen gehören noch zu den harmloseren Erscheinungen.

Die Exzentrik folgt in Newtown, das auch ein Mekka für Secondhand-Bekleidungsläden, vegetarische Restaurants und hanfselige Esoterikshops ist, einer langen Tradition. Bereits im 19. Jahrhundert wurde die King Street von einer Dame bewohnt, die den englischen Schriftsteller Charles Dickens angeblich zur Miss Havisham in seinem Roman »Große Erwartungen« inspirierte. Denn als berühmte tragische Figur ging die unglücklich verliebte Eliza Emily Donnithorne, deren Verlobter George zum Hochzeitstag einfach nicht erschien, in die Geschichte des einst wohlhabenden Stadtteils ein. Nach der geplatzten Vermählung verließ die gekränkte Eliza nie wieder ihr Haus und ließ doch die Tür bis zu ihrem Tod 1886 stets einen Spaltbreit offen stehen, falls der Geliebte zurückkehren würde. Vor dem an der Türe angeleinten Mastiff zur Abwehr von Einbrechern fürchteten sich die Kinder des Viertels auf ihrem morgendlichen Schulweg.

Heutzutage ängstigen in Newtown andere Gefahren vor allem Eltern, denn der Stadtteil hat ein ziemlich sichtbares Drogenproblem. Daneben ist die King Street allerdings auch Australiens am besten erhaltene viktorianische Einkaufsstraße. Zwar versteckt sich die Schönheit manch alten Gebäudes unter einem ziemlich hässlichen Gemisch zeitgenössischer Werbetafeln, doch das Gesamtensemble der allesamt etwa zwischen 1860 und 1915 entstandenen Gebäude bleibt beeindruckend.

Adresse King Street, Newtown, NSW 2042 | **ÖPNV** Bahnen T1, T2, T3 und T9, Haltestelle Newtown, Busse 352, 370 und 422, Haltestelle Newtown Station | **Anfahrt** kostenpflichtiges, bis zu vierstündiges Parken in den Nebenstraßen | **Tipp** Einige der historischen Exzentriker Newtowns sind angeblich bis heute als Geister auf dem örtlichen Friedhof Camperdown Cemetery (189 Church Street, Newtown NSW 2042) unterwegs, darunter William Ebbetts, den nur Kinder ansprechen dürfen, Major Mitchell, der in sternenklaren Nächten den Himmel mit dem Fernglas beobachtet, oder die aufgrund ihrer Untreue zu ewigem Geisterleben verfluchte Hannah Watson.

54 Der Lachlan Swamp

Unter Sydneys größter Flughundkolonie

Wer ihnen zum ersten Mal begegnet, dem fährt der Schreck gehörig in die Glieder. Denn wenn der Graukopf-Flughund *(Pteropus poliocephalus)* einem über den Kopf saust, dann mit einer Spannbreite von bis zu anderthalb Metern, und er erzeugt dabei so laute Flattergeräusche, dass einem das Blut in den Adern gefriert. Auch sein schriller Schrei ruft grausige Erinnerungen an Bram Stokers »Dracula« hervor. Wie ungerecht, denn die nachtaktiven Flughunde schlürfen höchstens mal eine Blüte zu Tode oder schnappen sich ein Insekt.

In Australien werden die streng geschützten Tiere Flying Foxes genannt. Sydneys größter Sommerkolonie mit bis zu 20.000 Tieren kommt man vor allem von etwa September bis Juni im Lachlan Swamp in dem 1888 zum 100-jährigen Jubiläum der Kolonie eröffneten Erholungspark Centennial Parklands nahe. Die tagsüber schlafend und ziemlich stinkend in den Bäumen des Sumpfes hängenden Tiere machen sich spätestens mit Einbruch der Dämmerung auf die bis zu 100 Kilometer weite Nahrungssuche und flattern in großen Scharen über die Köpfe der Parkbesucher. Jetzt heißt es ruhig bleiben, denn nur wer so dumm ist, ein verletztes Tier aufzuheben oder anzufassen, und dabei gebissen wird, ist von den Krankheiten bedroht, die Flughunde übertragen können. Bei näherer Betrachtung sind die vermeintlichen Bestien mit ihren kleinen Augen, Schnauzen und dem Dackelblick sogar ganz niedlich anzuschauen. Entgegen der landläufigen Meinung können sie sehr gut sehen.

Was kaum ein Sydneysider weiß, ist, dass sie ein besonders wichtiger Bestandteil der Stadtnatur sind. Als Bestäuber und Samenverbreiter für über 180 Pflanzenarten, darunter die großen Feigenbäume des innerstädtischen Hyde Parks, sind sie mindestens so wichtig wie Bienen. Ebenso wie diese sind sie vom Klimawandel bedroht, bei ihnen führen Temperaturen von über 41 Grad oft zum tödlichen Hitzschlag.

Adresse Randwick Gates, Darley Road, Randwick, NSW 2031 und Paddington Gates, Oxford Street, Paddington, NSW 2021 (Übersichtskarte der Nebeneingänge www.centennialparklands.com.au) | ÖPNV Busse 333, 352 und 440, Haltestelle The Light Brigade Hotel, Oxford St. oder Busse 338 und 339, Haltestelle Darley Rd near Main Gate Centennial Park | Anfahrt der Park darf mit dem Auto befahren werden; kostenfreie Parkplätze am Straßenrand | Öffnungszeiten von Oktober bis April sind die Haupttore von 6–22 Uhr geöffnet, Winteröffnungszeiten variieren | Tipp Wer die 360 Hektar große Fläche des Parks an einem Tag erkunden möchte, kann Tandems und andere Gefährte ausleihen: Centennial Park Bike Hire, Fearnley Grounds, Grand Dr, Centennial Park, NSW 2021 (Stunde ab 15 AUD, täglich 8–17 Uhr).

55 Lakemba

Orientalischer Zucker- und Gewürzschock

Der Stadtteil Lakemba, rund zwölf Kilometer vom Stadtzentrum im Südwesten entfernt, ist eines der Zentren muslimischer Einwanderer und wird gelegentlich im Volksmund noch »Potato Hill« genannt. Hier, wo bis ins 19. Jahrhundert auf großen Flächen Kartoffeln für die wachsende Kolonie angebaut wurden, wanderten ab Mitte der 1970er Jahre vor allem Menschen aus dem Libanon ein. Mehr als 60 Prozent der rund 18.000 Einwohner sind heute muslimischen Glaubens, gefolgt von zehn Prozent Katholiken. Die örtliche Moschee zieht jährlich bis zu 50.000 gläubige Besucher an. Es geht muslimisch eher konservativ zu auf Lakembas Straßen, auf denen langbärtige Männer in traditionellen Gewändern und Frauen in Vollverschleierung mit Handschuhen und Augennetz keine Seltenheit sind.

Während des Fastenmonats Ramadan von Anfang April bis Anfang Mai verwandelt sich vor allem die Hauptstraße Haldon Street in einen riesigen Nachtmarkt, auf dem sich hungrige Menschenmassen durch Schwaden würziger Gerüche schieben. Einen Monat lang ist alles zu haben, was das Herz der hungrigen Fastenden oder der Anhänger von Streetfood höherschlagen läßt. Aber auch zu anderen Zeiten lohnt sich der kulinarische Ausflug nach Lakemba. Denn das Viertel ist die absolute Hochburg orientalischer Zuckerwaren mit einem guten Dutzend verschiedener Bäckereien. Zwar findet man das in Honig eingelegte Blätterteiggebäck Baklava mittlerweile weltweit, aber in Lakemba kann der Besucher etwa in der »Al Fayhaa Bakery« gleich auf mindestens zehn verschiedene Variationen zurückgreifen. Auch Kunafa, eine warme Süßspeise, die neben Butter und Nüssen aus Käse besteht, gehört zu den Spezialitäten und wird bei »Yummy Yummy Knafeh« angeboten. Beim »King of Sweets« wandern zudem jeden Tag Hunderte frisch frittierte Lady's Arms über den Tresen, eine dünne, mit Milchcreme gefüllte Teigrolle, die mit Pistazien bestreut wird.

Adresse Die meisten Bäckereien finden sich entlang der Hauptstraße Haldon Street, Lakemba, NSW 2195. | ÖPNV Züge T2 und T3, Haltestelle Lakemba Station oder Bus 450, Haltestelle Haldon St after Railway Pde | Anfahrt kostenfreies Parken in den Nebenstraßen | Öffnungszeiten variieren extrem, von 8.30 – 22 Uhr sollte man an Süßes herankommen | Tipp Lakemba beherbergt Australiens größte Moschee, die Imam-Ali-bin-Abi-Taleb-Moschee (65 Wangee Road, Lakemba, NSW 2195), deren azurblaue Kuppel auf kostenlosen Führungen besichtigt werden kann. Zugangsinformationen über die libanesische Gemeinde unter www.lma.org.au.

56 Der Lake Parramatta

Im Schwanenboot über den Stausee

Was die römische Antike mit Sydney zu tun hat? Nicht viel vermutlich. Aber eine Gemeinsamkeit gibt es. Australische Architekten machten sich im 19. Jahrhundert im Vorort Parramatta daran, einen der wenigen steinernen Bogendämme weltweit nach antikem Vorbild zu konstruieren. Im römischen Glanum, heute Saint-Rémy-de-Provence in Südfrankreich, entstand im ersten Jahrhundert vor Christus der erste seiner Art. Das seitdem zwölfte Exemplar stellte man 1856 in Sydney fertig, um die Wasser mehrerer kleiner Bäche zu einem See anzustauen. Der sollte die Wasserversorgung des bevölkerungstechnisch explodierenden Stadtteils Parramatta sichern.

In der Rekordzeit von nur einem Jahr errichteten 150 Arbeiter in Tag- und Nachtschichten den zwölfeinhalb Meter hohen und im Sockelbereich viereinhalb Meter breiten Damm aus mit Mörtel verkleideten Sandsteinquadern, der bis heute eindrucksvoll ist. Er blieb bis zur Einführung von Sydneys modernem Wassersystem 1909 in Betrieb. Anschließend lernten Generationen von Kindern der Umgebung hier schwimmen, bis der See in den 1940er Jahren wegen seiner schlechten Wasserqualität für Badende geschlossen werden musste. Erst 2015 wurde er wieder freigegeben, sehr zur Freude der vom Meer schließlich recht weit entfernt lebenden Anwohner.

Von Oktober bis März bewachen nun Lifeguards die Badestelle und bewahren das kulturell bunt gemischte Publikum vor allzu kühnen Aktionen. Darüber hinaus klären die entspannten Lebensretter die Besucher auch zum 100. Male gerne darüber auf, dass es im See selbstverständlich weder Haie noch Krokodile gibt. Die Umgebung des Lake Parrametta bietet viele Möglichkeiten, sich körperlich zu betätigen. Wer Ruhe vom Badetrubel sucht, gleitet mit einem der am Bootsverleih angebotenen Schwanentretboote lautlos über den See und kehrt anschließend im schlichten Café am Rande des Ufers ein.

Adresse Lake Parramatta, North Parramatta, NSW 2151 | **ÖPNV** Bus 609, Haltestelle Bourke St. | **Anfahrt** kostenlose Parkplätze am See, Eingang Lackey Street/Bourke Street | **Öffnungszeiten** Die Schranke des Parkplatzes öffnet um 6.30 Uhr und schließt um 17.30 Uhr (19.30 Uhr Sommerzeit). | **Tipp** Das 75 Hektar große Naturreservat um den See herum ist mit Wanderwegen durchzogen, auf denen man mit Sicherheit einer der hier ansässigen 44 Vogelarten begegnet. Auch seltene Frösche und Reptilien sind mit ein bisschen Glück zu entdecken.

57_Das La Pérouse Monument

Frankreichs verschollener Entdecker

Was wäre, wenn? Manchen Menschen bedeutet Geschichte nicht mehr als ein Konglomerat von Jahreszahlen und Fakten. Dass sie jedoch ein Prozess ist, der von kleinsten Handlungen und zeitlichen Zufällen abhängt, spürt man an diesem Ort. Denn hätte Jean-François de Galaup Comte de La Pérouse die Mannschaften seiner beiden Expeditionsschiffe »L'Astrolabe« und »La Boussole« nur ein wenig mehr angetrieben, wäre Australien heute vielleicht französischsprachig.

Der 46-jährige Comte war 1785 aufgebrochen, für Frankreich neue Länder zu entdecken. Zwar hatte er, anders als sein englischer Konkurrent Arthur Phillip, keinen konkreten Befehl zur Besiedlung in der Tasche, doch vielleicht hätte ihn die Lust dazu in der schönen Botany Bay gepackt. Als er im Januar 1788 hier ankam, war die »First Fleet« allerdings schon ein paar Tage zuvor gelandet. Bereits einen Monat später schickte La Pérouse daher eine Nachricht mit neuen Reisezielen in die Heimat. Über Tonga und die Salomonen sollte es bis nach Neuguinea gehen. Doch nach der Abreise aus Sydney wurde nie wieder etwas von ihm oder seiner Mannschaft gehört.

Bis heute hisst die französischstämmige Gemeinde in Sydney regelmäßig die Trikolore über der windumwehten Halbinsel seiner Landung in Australien. Hier steht seit 1825 das Monument zu seinem Gedenken. Auch das kräftig vom französischen Staat mitfinanzierte Museum hält die Erinnerung an den lange vermissten Weltumsegler aufrecht. Erst 1826 tauchten auf den Salomonen Gegenstände aus dem Besitz Le Pérouses auf. 1964 schließlich fand man die »La Boussole« auf dem Grund des Meeresbodens vor der kleinen Insel Vanikoro. Einer der jungen Männer übrigens, die sich einst für die Reise um die Welt unter La Pérouses Fittichen beworben hatten, war ein 16-jähriger Korse namens Napoléon Bonaparte gewesen. Er wurde abgelehnt. Womit wir wieder am Anfang der Geschichte wären.

Adresse Anzac Parade, La Perouse, NSW 2036 | **ÖPNV** Busse 391, 393, 394, Haltestelle Anzac Pde Terminus | **Anfahrt** kostenloses Parken auf der gesamten Halbinsel 7–17 Uhr | **Öffnungszeiten** Museum: Mi, Fr 10–14 Uhr, Sa, So 10–16 Uhr | **Tipp** Neben der Ausstellung zu Leben und Wirken La Pérouses kann man sich im kleinen Museum auch ausführlich zu den ursprünglichen Eigentümern des Landes informieren, den Dharawal People, deren Nachkommen zum Teil bis heute auf der Halbinsel leben (1542 Anzac Parade, La Perouse, NSW 2036).

58 Der Long Reef Golf Club

Zum Abschlag aufs Riff

Wer sich auf diesem 18 Loch großen Golfplatz an den nördlichen Stränden Sydneys allein auf das Spiel konzentrieren kann, muss wohl ein wahrer Profi sein. Denn die weit in den Ozean ragende Landzunge Long Reef beherbergt nicht nur eines der schönsten Greens der Stadt, sie ist zudem eines der geologisch ältesten und interessantesten Gebiete Sydneys.

Das Gebiet zwischen den Vororten Dee Why und Collaroy diente vor der Ankunft der Siedler dem Stamm der Eora als großes Meerestierebuffet. Bei Ebbe wird ein großes Felsenriff freigelegt, auf dem man herumwandern und zuhauf Muscheln, Schnecken und Fische finden kann. Allerdings darf man sie nicht mehr aufsammeln oder fangen, denn alle Meereslebewesen stehen unter strengem Schutz, auch deren ehemalige Gehäuse. Selbst wenn es einem also nur so in den Fingern juckt, ist das Muschelsammeln strikt verboten.

Dass ausgerechnet auf diesem paradiesischen und kulturreichen Stückchen Land ein nobler Golfclub 1921 seinen Platz anlegte, hat schon manchen empört. Andererseits wären Grund und Boden heute längst mit Einfamilienhäusern bebaut, hätte der zuständige Stadtrat damals nicht sein Einverständnis gegeben. So blieb das Gebiet für alle zugänglich, denn die Randzonen des nicht umzäunten Golfplatzes werden von der Bevölkerung zum Spazieren genutzt.

Vom Parkplatz hinter dem Clubgebäude aus kann man über den Strand an der teilweise recht instabilen Steilküste entlang die gesamte Formation zu Fuß umwandern. Wenn man Glück hat, begegnet man unterwegs sich am Wasser sonnenden Seelöwen, so gut wie immer suchen große Pelikane an der Bootsrampe nach Fressbarem. Zurück geht es jenseits des Platzes auf Holzstiegen durch ein kleines Wäldchen. Die andere Wegvariante führt über einen bequemen Wanderweg über die Landkuppe des Riffs. Vom höchsten Aussichtspunkt lassen sich von Mai bis November häufig Wale und Delphine beobachten.

Adresse Long Reef Golf Club, Anzac Avenue, Collaroy, NSW 2097, www.longreefgolfclub.com.au, Tel. +61/2/99718113, | ÖPNV Bus 199, Haltestelle Pittwater Rd opp Griffith Park | Anfahrt kostenpflichtiges Parken rund um das Clubgebäude | Öffnungszeiten Golf: siehe Internetseite des Clubs, Preise variabel: 18 Löcher ab 65 AUD, nach 15 Uhr 30 AUD; Das Riff ist immer zugänglich. | Tipp Wer hungrig genug ist, sich der australischen Nationalspeise »Pie« anzunähern, einem mit Fleisch, Ei und/oder Avocado matschig gefüllten Teigkuchen, kann sich in die lange Schlange vor der nahen Bude »Sylvia and Fran's The Upper Crust Pies« einreihen (täglich 7–17 Uhr, 1003 Pittwater Road, Collaroy, NSW 2097).

59 Der MacCallum Seawater Pool

Schwimmen mit Blick auf die Oper

Ganze 35 an oder in die Felsen gebaute Rockpools gibt es an Sydneys Küste – einer ist schöner als der andere. Der MacCallum hat dazu noch eine ganz besondere Geschichte. Das historische Badebecken MacCallum Pool wurde Anfang des 20. Jahrhunderts von Australiens Schwimmolympioniken Frederick Lane (1880–1969) in den Hafen von Sydney gebaut. Während der Sommerspiele 1900 in Paris hatte »Freddy« zwei Goldmedaillen bei den Schwimmwettbewerben in der damals arg verschmutzten Seine gewonnen, und er stellte einen neuen Weltrekord über 200 Meter Freistil auf.

Zwar war er für das britische Team angetreten, aber zurück in der Heimat wurde Australiens erster Olympionike frenetisch als Held gefeiert. Zur Belohnung gönnte Lane sich ein einfaches Schwimmbecken mit herrlicher Sicht auf die Stadt, gleich gegenüber seines Wohnhauses, mitten in Sydneys Hafen. Hier lernten zahlreiche Nachbarskinder unter seiner Anleitung schwimmen, wäre Lane selbst doch als Vierjähriger beinahe ertrunken. Später zog es Australiens ersten Goldjungen nach Avalon Beach an den Rand von Sydney, wo er sich seinem neuen Hobby Briefmarken und dem Sammeln außergewöhnlicher Zeitungsausschnitte widmete.

Dem Kaufmann Hugh MacCallum ist es zu verdanken, dass man auch heute seine Bahnen im Pool ziehen und Sonnenbäder auf den Holzdecks genießen kann. Als das Becken zu vergammeln drohte, gründete Hugh kurzerhand einen Club, sammelte Mitgliedsbeiträge zur Erhaltung des Pools und gab ihm in den 1920er Jahren das heutige elegante Art-déco-Aussehen. Das 33 Meter lange Becken mag nicht unbedingt für frisches Wasser bekannt sein, den spektakulärsten Ausblick haben Schwimmer allemal. Die Sicht auf die Sydney Opera ist für Liebhaber abendlicher Schwimmzüge ein Hochgenuss, wenn sich im kühlen Nass die funkelnden Lichter der Stadt widerspiegeln.

Adresse Milson Road, Cremorne Point, NSW 2090. Der Pool liegt im Park zwischen Häusern und Hafen, etwa auf Höhe von Hausnummer 22. Parkeingang am Ende der Milson Road rechts. | **ÖPNV** Busse 225 und 430, Haltestelle Cremorne Point; Fähre F6, Haltestelle Cremorne Point | **Anfahrt** zahlungspflichtige Parkplätze an der Ecke Milson Road/Cremorne Road, von dort sind es zu Fuß drei Minuten durch den Park | **Öffnungszeiten** tags wie nachts geöffnet; es empfiehlt sich, im Vorhinein die wöchentlichen Reinigungszeiten zu prüfen, zu denen der Pool geschlossen ist: www.northsydney.nsw.gov.au | **Tipp** Auf den nahen Uferwiesen tritt man mit Einheimischen in Kontakt, die hier wochenends traditionell ein Gläschen heben und dem Treiben im Hafen zuschauen. Die besten Picknickkörbe der Stadt packen mit zwei Tagen Vorlaufzeit Natalie und Simon Thomas aus Surry Hills (www.sydney.picnic.com.au).

60 Das Maitland Bar Gold Nugget

Dickes Ding mit Geschichte

Australien ohne Gold ist wie Antarktis ohne Eis. Bis heute profitiert das Land von seinen schier unendlichen Bodenschätzen, von denen das wertvolle Mineral einen wichtigen Part einnimmt. Man schätzt, dass noch mindestens 9.500 Tonnen Gold in den bisher bekannten Abbaugebieten des Landes schlummern, die größte Goldreserve der Welt. Australien holt jährlich über 300 Tonnen davon ans Sonnenlicht, wobei das meiste in Western Australia abgebaut wird. Dieser glänzende Brocken aus dem Australia Museum jedoch ist der einzige, der aus der Anfangszeit des australischen Goldrauschs in New South Wales vollständig erhalten blieb.

Er wurde am 15. Juni 1887 im Meroo Gold Field nahe des Dorfes Maitland Bar südwestlich der Stadt Mudgee gefunden und enthält 313.093 Unzen Gold. Schon kurz nach seiner Entdeckung wurde das Nugget von der australischen Regierung angekauft und auf Tournee nach Übersee geschickt. Der glänzende Brocken sollte der ganzen Welt unmissverständlich den Reichtum der Kolonie vor Augen führen. Nach jahrzehntelanger Ausstellung in und um Australien geriet der kostbare Fund ab den 1920er Jahren auf wundersame Reise in Vergessenheit. Im für die Aufbewahrung zuständigen Archiv des Finanzministeriums von New South Wales hielt er seinen Dornröschenschlaf. Erst 1956 kam ein findiger Angestellter auf die Idee, sich doch mal nach dem Verbleib des goldenen Steingemisches zu erkundigen – und siehe da, es ruhte friedlich in der Box. Zwischendurch hatte man seine verschlossene Kiste wegen ihres Gewichts zwar als Wurfziel beim beliebten Indoor Cricket während der Mittagspausen genutzt, doch der Inhalt blieb unversehrt. Nun schützt eine Panzerglasscheibe das brotlaibdicke, 10,7 Kilogramm schwere Nugget vor Begehrlichkeiten. Nur die Fettflecken platt gedrückter Nasen und lüsterner Fingerstupser auf dem Glas zeugen davon, dass seine Anziehungskraft niemals nachlassen wird.

Adresse 1 William Street, Sydney, NSW 2010 | ÖPNV Busse 311, 324, 325, 489, 504, Haltestelle Australian Museum, Trains T2, 3, 4, 8, 9, Haltestelle St James Station | Anfahrt Besucher des Australian Museum parken vergünstigt in den nahen Parkhäusern Riley Street und The Domain nach vorheriger Buchung (www.australian.museum/visit/parking-and-transport/) | Öffnungszeiten täglich 10–17 Uhr | Tipp Wer Appetit auf Gold hat – den mit echtem Gold gemixten Millionaire's Margarita gibt es im mexikanischen Restaurant Patrón am Circular Quay für happige 100 AUD (2 Phillip Street, Sydney, NSW 2000, www.barpatron.com.au).

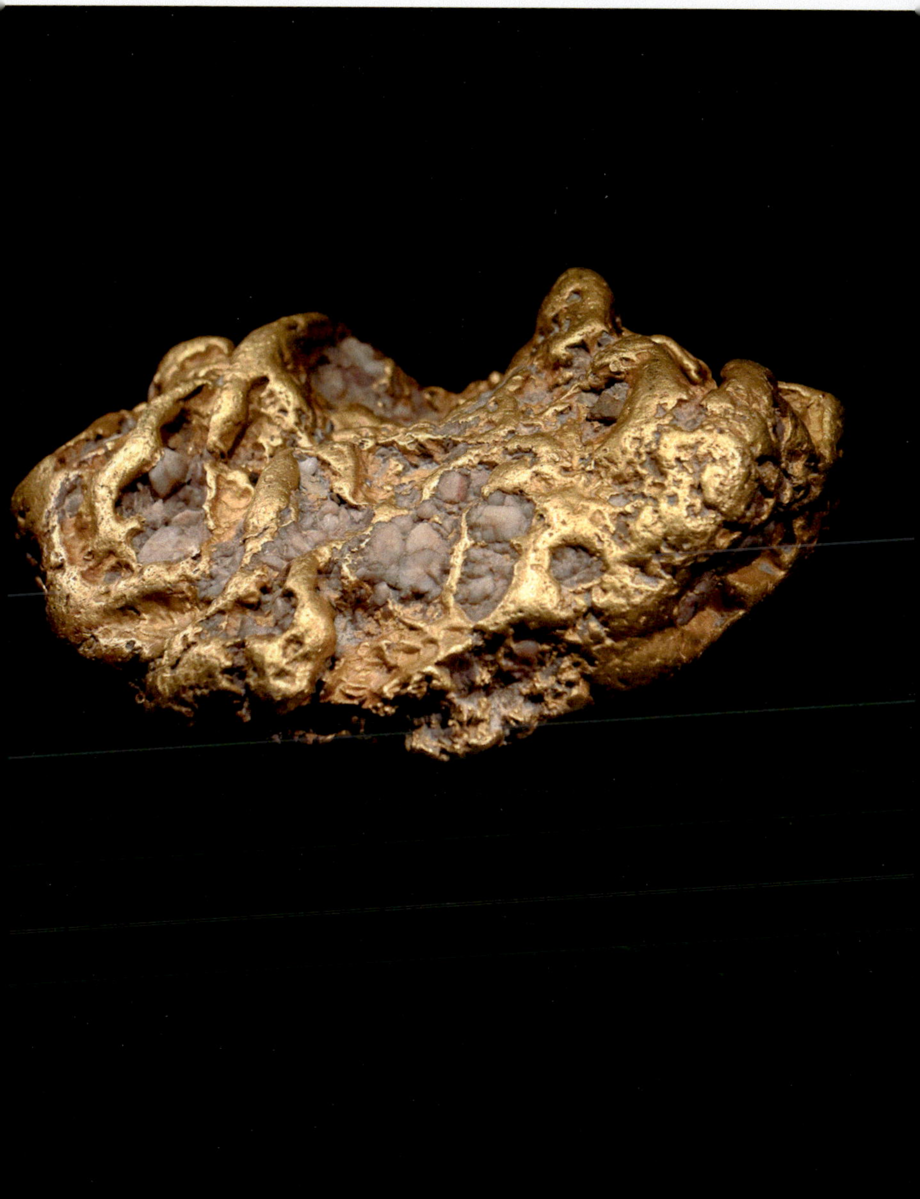

61 Manly Longboard & Co

Das einzig wahre Surfershirt

Surfen kann man an fast allen australischen Küstenstränden. Wer den Ritt auf dem Brett allerdings wirklich beherrscht, trifft sich am liebsten in den Wellen von Bondi, Cronulla, North Narrabeen, Maroubra und Manly. In Sydney haben es nur diese fünf Strände in das National Surfing Reserve Register geschafft, eine Liste ikonischer Surfspots.

Kultstatus hat mittlerweile auch ein kleiner Bekleidungsladen im belebten Küstenvorort Manly. Zwar reiht sich in der autofreien Einkaufsstraße, genannt The Corso, ein bekannter Surfmodenausstatter an den anderen, für den Kauf eines T-Shirts, für das sich auch Einheimische nicht schämen, muss man sich allerdings in einer der ruhigeren Seitenstraßen begeben. Eigentlich wollte Mark Preece, der schon als junger Mann im Bademodenladen seiner Eltern in Manly jobbte, in den 1990ern am Strand Longboards verkaufen. Damit bezeichnet man die traditionellen, langen und abgerundeten Surfboards, die im Gegenteil zu ihren kleinen, spitzen Verwandten im Wasser mehr Auftrieb haben, wesentlich einfacher zu bedienen sind und den Surfer länger und stabiler auf der Welle reiten lassen. Um dem Ganzen eine eigene Note zu geben, entwarf Mark kurzerhand ein Logo, mit dem er die Bretter versah.

Der Verkauf lief schleppend, für das fesche Logo hingegen erntete er ein Kompliment nach dem anderen, sodass er und seine Frau Julie sich 1995 entschlossen, ein Kleidungslabel damit zu gründen. Seither bedruckt Mark jedes einzelne Kleidungsstück von Hand im Siebdruckverfahren, und Julie steht im kleinen, mit Shirts, Pullovern, Handtüchern und vielen unverkäuflichen Surfdevotionalien vollgestopften Laden und verkauft die sich farblich stets ändernde Kollektion zu moderaten Preisen.

Nur wenn die beiden einmal im Jahr ihren wohlverdienten Urlaub auf Hawaii nehmen, muss Manly für ein paar Wochen auf sein lokales Lieblingslabel verzichten.

Adresse 42 Sydney Road, Manly, NSW 2095 | ÖPNV Busse 141, 142 und 144 sowie Fähren F1 und MFF, Haltestelle Manly Wharf | Anfahrt zwei Stunden freies Parken im Parkhaus der Bücherei, 5A Market Place | Öffnungszeiten Mo–Fr 11–16 Uhr, Sa, So 10–17 Uhr | Tipp Auf dem nahen, versteckt liegenden Platz vor der öffentlichen Bücherei treffen sich die Manlysider mittags zu Açaí Bowls, vegetarischen Dumplings oder Kurkuma-Kaffee in den kleinen Restaurants und Cafés (Market Place, Manly).

62 Die Margret Preston Hall

Doktor Binis Muschelhaus

Man nehme einen riesigen Ballon, blase ihn zur Hälfte auf, lege ein Stahlgeflecht und anschließend eine Betonschicht darauf, lasse alles trocknen und entferne dann den Ballon wieder. Fertig ist die Binishell, erfunden vom 1936 geborenen italienischen Industriedesigner und Architekten Dante Bini. An der Columbia University in New York entstand so 1967 innerhalb nur weniger Stunden der Prototyp seiner Gebäudeneuheit, ein zwölf Meter breiter Betondom.

Von 1970 bis 1990 realisierte Bini ganze 1.500 davon in 23 Ländern weltweit. Das Erziehungsministerium von New South Wales gehörte zu den großen Fans der Bauten des italienischen Dottore und bestellte gleich 15 der weiß getünchten Rundbauten für seine öffentlichen Schulen. Am Ende besaß es die größte Sammlung der Welt der drolligen Betonkuppeln. Als wirklich praktisch für erzieherische Zwecke erwiesen sich die Muscheln in den kommenden Jahrzehnten nicht. Eine von ihnen brach gar zusammen, einige Minuten nachdem eine Schulklasse ihren Sportunterricht darunter absolviert hatte, anderen gab die starke australische Sonne den Rest.

Schön anzusehen sind die verbliebenen Muscheln dennoch, vor allem in der wildwüchsigen australischen Natur. Binis Meisterwerk entstand übrigens in den 1960er Jahren als Ferienhaus des italienischen Regisseurs Michelangelo Antonioni, eingebettet in die raue Natur Sardiniens, und wurde 2014 auf der 14. Internationalen Architekturausstellung in Venedig gewürdigt. Auch an der North Narrabeen Public School (6 Namona Street, North Narrabeen, NSW 2101) sind drei etwas kleinere Ausgaben der Bini-Muscheln zu bewundern, die Dante Bini selbst für seine gelungensten Ausgaben in Sydney hielt, ebenso wie die Ashbury Public School (34–76 Trevenar Street, Ashbury, NSW 2193) einen weißen Dom des Architekten bis heute nutzt. Seit 2021 stehen die verbliebenen Muschelhäuser von Doktor Bini unter Denkmalschutz.

Adresse Ku-ring-gai High School, 403 Bobbin Head Road, North Turramurra, NSW 2074 | **ÖPNV** Busse 577 und 594, Haltestelle Ku-ring-gai High School, Bobbin Head Rd | **Anfahrt** kostenloses Parken auf der Bobbin Head Road | **Öffnungszeiten** Zugang erst nach Schulschluss ab 16 Uhr oder am Wochenende | **Tipp** Nicht ganz so monumental wie das ägyptische Vorbild, aber eindrucksvoll ist die fünf Minuten zu Fuß entfernt im Wald liegende, in den 1920er Jahren mit der Hand aus dem Sandstein geschlagene Sphinx des versehrten Kriegsrückkehrers William Shirley, der damit seiner während des Ersten Weltkriegs in Ägypten gefallenen Kameraden gedachte (Sphinx Road, North Turramurra, NSW 2074).

63__Marrickvilles Brauereiszene

Alte Lust am neuen Bier

Unabhängige Privatbrauereien schießen in den vergangenen Jahren wie Pilze aus Sydneys Boden. Insbesondere der innere Westen der Stadt tut sich durch eine besondere Dichte kleiner, feiner Brauhäuser hervor. Das Viertel Marrickville gilt als Hotspot der neuen Lust am frisch gezapften Designerbier. Hier empfangen den Besucher auf fußläufigem Stadtraum mit Grifter Brewing Co, Wildflower Brewery, Sauce Brewing Co, Batch Brewing Co und Philter Brewing gleich fünf der autonomen Kleinbrauereien. Deren Betreiber scheinen sich abgesprochen zu haben, allesamt lange Hipsterbärte und Flanellhemden zu tragen.

Einige der Brauereien bieten neben der Verkostung und dem Verkauf kleine Speisen, selbst gekelterte Weine und abendliche Livemusik an. Möchte man den neuen Geschmacksrichtungen von Hanf- oder Manukahonigbier nahekommen oder auch eines der vielen klassischen Gebräue kosten, bietet sich ein selbst geführter Rundgang zu Fuß an – der *pub crawl*, grob zu übersetzen mit Kneipenkriecher, muss ja nicht unbedingt in der Waagerechten enden. Auf ihren Touren durch die Betriebe preisen die jungen Brauer gerne den maßvollen Verbrauch und das Auskosten des Genussmomentes der flüssigen Gaumenfreude an. Obwohl die strengen Schankgesetze mit frühen Schließzeiten der 1960er Jahre längst abgeschafft wurden, trinken viele Australier nämlich gerne in raschem Tempo und ebenso gerne einen über den Durst, gelegentlich sogar zwei. Glaubt man den Statistiken, haben vor allem Frauen aus den schicken nördlichen Strandvororten wie Manly, Avalon oder Mona Vale Probleme damit, ihren Alkoholkonsum in Maßen zu halten. An vielen der abendlichen Afterwork- und Picknickplätze herrscht daher zunehmend Alkoholverbot. Sei's drum – in den kleinen Brauereien von Marrickville steht die Braukunst im Mittelpunkt und ganz sicher nicht das pure Saufen.

Adresse Der Brauereirundweg dauert ohne Trinkpausen 20 Minuten. Reihenfolge: Grifter Brewing Co (1/391 Enmore Road), Wildflower Brewery (11–13 Brompton Street), Sauce Brewing Co (1a Mitchell Street), Philter Brewing (98 Sydenham Road), Batch Brewing Co (44 Sydenham Road) oder andersherum | **ÖPNV** Busse 423, 426, 430, Haltestelle Enmore Park, Enmore Rd, Stand B oder andersherum Busse 418, 425 und 430, Haltestelle Marrickville Rd opp Barclay St | **Anfahrt** jeweils wenige Parkplätze vor den Brauereien; die Promillegrenze liegt in Australien bei 0,5, es drohen drastische Bußgelder | **Öffnungszeiten** variabel, Fr, Sa 14–18 Uhr haben alle Brauereien gleichzeitig geöffnet, genaue Öffnungszeiten siehe Homepages | **Tipp** Einen gesitteten Abend verspricht die Seadrift Distillery (12 Sydneham Road, Brookvale, NSW 2100, www.seadriftdistillery.com), in der Alastair and Carolyn Whiteley Australiens ersten alkoholfreien Gin in zwei verschiedenen Geschmackssorten herstellen.

64 Das Mary MacKillop Museum

Australiens einzige Heilige

Heiliggesprochen zu werden ist keine ganz einfache Sache. Wer Pech hat, den belohnt die katholische Kirche erst mehrere hundert Jahre nach dem Dahinscheiden mit dieser höchsten Auszeichnung. Nur diejenigen, die in epochaler Art ihr Christentum lebten, werden in einem aufwendigen Verfahren kanonisiert – und das kann dauern.

Da es das christlich geprägte Australien nun mal erst seit rund 250 Jahren gibt, herrscht hier naturgemäß ein Mangel an lokalen Schutzpatronen. Genau genommen gibt es bisher nur eine einzige australische Heilige. Wie die 1842 in Melbourne geborene Mary als Tochter schottischer Einwanderer zu dieser Ehre kam? Im Detail klärt dazu das kleine Museum im Norden Sydneys auf, das seit 1995 von Ordensschwestern geführt wird. Unter deren naher Kapelle werden nämlich die Gebeine der Heiligen aufbewahrt.

Eine Kurzfassung: Um ihre ärmlichen Eltern und sieben Geschwister finanziell zu unterstützen, zieht Mary früh zu ihrem Onkel nach Südaustralien und erzieht dort dessen Kinder. Der örtliche Geistliche erkennt ihr Talent und gründet gemeinsam mit ihr den Orden der »Sisters of St. Joseph of the Sacred Heart«, der schnell wächst und sich um die Bildung und Versorgung von Kindern aus ärmsten Verhältnissen kümmert. Wenig folgsam stößt Mary MacKillop wiederholt mit kirchlichen Autoritäten zusammen, auch weil sie auf der Autarkie ihres Ordens besteht und sich keiner Diözese unterordnen will. 1871 wird sie sogar für einige Monate aus der katholischen Kirche exkommuniziert, nachdem sie einen pädophilen Priester entlarvt. Dafür hat sich ein australischer Opferverband Mary heute übrigens zur Schutzheiligen auserkoren. Ihre Heiligsprechung erfolgte 2010 durch Papst Benedikt XVI., rund 100 Jahre nach ihrem Tod. Die etwa 850 Mitglieder der Josephitinnen sind bis heute in sechs Ländern tätig und führen Schulen und Heime für Waisenkinder aus Aborigines-Gemeinden.

Adresse Ordenszentrum, Museum und Kapelle, 7 Mount Street, North Sydney, NSW 2060 | ÖPNV Busse 209, 228, 229, 230, 254, 286, 287 und 291, Haltestelle Miller St before Pacific Hwy | Anfahrt kostenpflichtiges Parken vor dem Museum | Öffnungszeiten variieren, Infos unter www.marymackillopplace.org.au | Tipp Nur wenige Gehminuten von der Ruhestätte der heiligen Mary entfernt steht eines der ältesten Holzhäuser Sydneys. Das Anfang des 19. Jahrhunderts erbaute Don-Bank-Haus mit viktorianischem Garten dient als Lokalmuseum und ist mittwochs von zwölf bis 15 Uhr und samstags von zehn bis zwölf Uhr geöffnet (6 Napier Street, North Sydney, NSW 2060).

65 May Gibbs' Nutcote

Eukalyptusbabys als Nationalschatz

Einer Nuss gleicht dieses kleine Haus wirklich ein bisschen. Wie eben vom Baum gefallen liegt es sanft eingebettet im blühenden Garten eines steil abfallenden Grundstücks am Neutral Harbour. Es beherbergt kaum mehr als ein lichtdurchflutetes Atelier, eine gelb getünchte Veranda mit Ausblick und eine winzige Küche. Die Bewohnerin kochte ungern und aß am liebsten Butterbrote und Äpfel.

44 Jahre lang lebte hier eine Künstlerin, deren Werke allen Australiern bekannt sind. May Gibbs (1877–1969) schuf die Bilderbuchfiguren »Snugglepot und Cuddlepie«, zwei Trollbabys mit weit aufgerissenen blauen Augen, deren Kopf von der Schale einer Eukalyptusfrucht bekrönt wird. Seit der Erstveröffentlichung 1918 erlebten die beiden »Gumnut-Babies« Abenteuer und nie endenden Erfolg bei den jungen Lesern. Auch die Eukalyptusbabys »Bib and Bub« wurden zum Klassiker und von 1924 bis 1967 wöchentlich als Comic in den Sydney Sunday News veröffentlicht. Daneben gilt Gibbs als eine der ersten Karikaturistinnen Australiens.

Im Alter von vier Jahren war sie mit ihren Eltern aus England nach South Australia gezogen und hatte auf Streifzügen durch den Busch die australische Pflanzenwelt zu lieben und zu zeichnen gelernt. Eine von den Eltern – beide selbst Künstler – angeregte Zeichenausbildung in England gab Gibbs den Feinschliff. Der Erfolg ermöglichte ihr den Bau des Hauses durch den bekannten Architekten B. J. Waterhouse, das sie mit ihrem Mann Bertram James Ossoli Kelly 1925 bezog. Heute ist es ein Museum, im Besitz eines Trusts, und wird nahezu ausschließlich von Freiwilligen betrieben, die stündlich unterhaltsame Führungen geben. Die Urheberrechte an den Entwürfen der Figuren und Geschichten vermachte Gibbs zwei australischen Wohltätigkeitsorganisationen zur Unterstützung behinderter Kinder und dem Internationalen Kinderhilfswerk der Vereinten Nationen.

Adresse 5 Wallaringa Avenue, Kurraba Point, Neutral Bay, NSW 2089 | **ÖPNV** Fähre F5, Haltestelle Kurraba Point Wharf, Bus 225, Haltestelle Lower Wycombe Rd at Kurraba Rd | **Anfahrt** zweistündiges kostenloses Parken in den Nebenstraßen | **Öffnungszeiten** Mi, Do, So 11–15 Uhr, siehe Homepage | **Tipp** Nach Vorbestellung lässt sich im kleinen, ebenfalls ausschließlich von Freiwilligen betriebenen Café des Museums die berühmte britische Tradition des High Tea pflegen (nur sonntags, 45 AUD pro Person, www.maygibbs.com.au).

66 Die McDougall Street

Unfallgefahr im Blütenrausch

Jedes Jahr im Frühsommer liegen nicht nur jede Menge Menschen rücklings auf dieser Straße in Kirribilli herum, sondern auch die Nerven derjenigen blank, die in ihr wohnen. Wenn ab Ende Oktober in Sydney die Jacarandabäume blühen und die Stadt mit zartem lila Flor und Honigduft überziehen, herrscht für Autofahrer überall erhöhter Aufmerksamkeitsbedarf.

Die McDougall Street ist von den aus Südamerika stammenden Bäumen komplett umsäumt und sollte dann großräumig umfahren werden. Denn durch die zur Familie der Trompetenbäume gehörenden Gewächse bildet sich ein prächtiger Blütentunnel, der sämtliche Hochzeitspaare Sydneys und alle verfügbaren Instagramer der südlichen Hemisphäre anzieht wie Honig die Bienen. Das wahre Schauspiel der Straße erlebt man daher, wenn man sich nach dem eigenen Schnappschuss ein ruhiges Plätzchen im anliegenden Park sichert und den manchmal absurd posenden, sich gegenseitig fotografierenden Menschen in oft abwegigster Kostümierung zuschaut.

Der Siegeszug der knalligen Jacaranda, deren Samen erst 1864 von einem südamerikanischen Kapitän in den Hafen von Brisbane im Bundesstaat Queensland eingeschifft wurden, war unaufhaltsam. Obwohl viele Australier sich in den vergangenen Jahren auf heimische Pflanzen wie die ebenfalls wunderschönen Banksia-Arten besinnen und ihnen in neu angelegten Gärten oft den Vortritt lassen, ist der Trompetenbaum mit seinem zwei- bis dreiwöchigen Blütenrausch eine Ausnahme. Wie sehr die Australier ihre Jacaranda lieben, zeigt das ihr gewidmete Festival im südlich von Brisbane gelegenen Grafton, für das die Bewohner einen halben Tag freibekommen und neun Tage lang mit Straßenparaden, Drachenbootrennen und Musik feiern.

Wer im Oktober oder November nicht nach Sydney kommen kann – pralle duftende Blüten in kuriosen Farben, umgeben von süßem Duftnebel, gibt es hier nahezu das gesamte Jahr über.

Adresse McDougall Street, Kirribilli, NSW 2061 | **ÖPNV** Bus 263, Haltestelle High St at Clark St, S-Bahn diverse Linien, Haltestelle Milsons Point, Fähre F5, Haltestelle North Sydney Wharf | **Anfahrt** kostenfreies Kurzzeitparken am Straßenbeginn, zweistündiges kostenloses Parken im Parkhaus der Sub Base Platypus (120 High Street, North Sydney, NSW 2060) | **Tipp** Das nahe Celsius Coffee & Dining Co. am Fähranleger von Kirribilli hat nur sechs Tische, dafür aber den »Million-Dollar-View«. Damit umschreiben Sydneysider den kleinen Unterschied, der Immobilienpreise in den siebenstelligen Bereich springen lässt (Holbrook Avenue, Kirribilli, NSW 2061).

67_Die McElhone Stairs

An der Treppe des Verhängnisses

Die 113 Stufen, die Sydneys einstiges Arbeiter- und Hafenviertel Woolloomooloo mit dem Wohnviertel Potts Point und den Clubs und Bars des einst berüchtigten Rotlichtviertels Kings Cross verbinden, haben in der Vergangenheit nicht nur wegen ihrer strammen Steigung für viel Herzklopfen gesorgt. Einst trafen auf den McElhone Stairs, die 1904 erbaut und von den Anwohnern schnell »Stairs of Doom« getauft wurden, liebeshungrige Matrosen aus dem Hafen unmittelbar nach ihrer Landung auf die ersten käuflichen Damen der Halbwelt.

Echte Berühmtheit erlangte die Stiege jedoch als Schauplatz eines Spionagedramas während des Kalten Krieges. Denn Ivan Fedorovich Skripov, Diplomat der Russischen Botschaft in Australien und heimlicher Mitarbeiter des KGB, hatte sich die Befestigungen der Treppengeländer als Versteck für seine Nachrichten an andere Geheimdienstmitarbeiter ausgesucht. Seine mit unsichtbarer Tinte verfassten Zettelchen platzierte er unter den heute noch existenten Hohlräumen zwischen Eisenpfosten und Sandsteingeländer. Bis 1962, als er an die schöne australische Doppelagentin Kay Marshall von der Australian Security Intelligence Organisation (ASIO) geriet, enttarnt und umgehend des Landes verwiesen wurde. Vielleicht auch in Ermangelung weiterer spannender Agentengeschichten auf dem Roten Kontinent bewegte dieser Spionagefall über Jahre die australische Öffentlichkeit und fand vor allem in Frauenzeitschriften immer wieder Aufmerksamkeit, auch als nachgestellte Fotolovestory.

Heute schnaufen körperbewusste Anwohner der zum großen Teil gentrifizierten Stadtteile Potts Point und Woolloomooloo bei ihrem täglichen Joggingausflug die Treppen hinauf. Und auch das ehemals so verruchte King's Cross eifert längst als das »neue Soho« den namensgebenden Vierteln in New York und London nach und verbucht alljährlich hohe Mietensteigerungen.

Adresse Victoria Street, Höhe Nr. 56, Potts Point, NSW 2011 (Abstieg) oder Cowper Wharf Roadway/Brougham Street, Woolloomooloo, NSW 2311 (Aufstieg) | **ÖPNV** Bus 311, Haltestelle Cowper Wharf opp Brougham St | **Anfahrt** kostenpflichtige Kurzparkplätze vor Ort | **Tipp** Im legendären Harry's Cafe de Wheels am Fuß der Treppe genossen schon Marlene Dietrich, Frank Sinatra oder Prinz Harry ihre original australischen Pies und Hotdogs (Cowper Wharf Road, Woolloomooloo, NSW 2011).

68 Der Mermaid Pool

Juwel der Nachbarschaft

»Hier müsste aber dringend mal jemand aufräumen!«, dachte sich ein Anwohner des Vorortes Manly Vale jedes Mal, wenn er die kleine Brücke über den schmalen Creek beim Hundespaziergang überquerte und sein Blick auf das Wasserbecken fiel, in das dieser floss. Von verrosteten Einkaufswagen über Autoreifen bis zu Möbeln lag darin so ziemlich alles, was nicht hineingehörte. Eines Tages schwante ihm, dass mit diesem »Jemand« unter Umständen er selbst gemeint sein könnte. Am »Clean Up Australia Day«, einer einmal jährlich stattfindenden, australienweiten Aufräumaktion, mobilisierte der Mann 2002 seine Nachbarn und räumte mit ihnen vier Tonnen Unrat aus der als Müllkippe missbrauchten Natur. Hervor kam ein Kleinod, das seinesgleichen mitten in der Großstadt sucht.

Dass es einst wohl ein heiliger Ort der Aborigines war, konnte man sich nun gut vorstellen. In den Tiefen derartiger Wasserlöcher residieren nämlich die Schöpfergeister. Geschwommen wäre ein Ureinwohner hier im Leben nicht. Das sahen einige junge Frauen aus der Umgebung in den 1930er Jahren anders und badeten splitternackt in dem damals noch glasklaren Wasser. Das Becken verdankt ihnen seinen heutigen Namen.

Die nackerten Meerjungfrauen sind lange fort, auch die einstige Naturvielfalt schien verloren. Aber die fleißigen Aufräumer fanden nach ihrer ersten Aktion immer weitere Betätigungsfelder. Heute treffen sie sich an jedem vierten Samstag des Monats zwischen neun und 13 Uhr, rupfen Unkraut und pflanzen einheimische Sorten, um das Idyll sauber und am Leben zu halten. Typisch australisch ist diese Form der Arbeit für die »Community«, Unterstützung stets willkommen. Die Natur zahlt es den Fleißigen zurück. Mittlerweile haben sich hier wieder Grundelfischarten angesiedelt. Ein Indikator, dass die Wasserqualität hervorragend ist. Die echten Nymphen sind wieder da.

Adresse King Street, Manly Vale, NSW 2093, rechts des Manly Hydraulics Laboratory (110B King Street) den Pfad entlang, dem Creek vor der kleinen Brücke rechts in den Busch folgen bis zum Pool | **ÖPNV** Bus 145 (Haltestelle King St At Quinlan Pde) | **Anfahrt** kostenloses Parken am Manly Hydraulics Laboratory | **Tipp** Sehr lohnenswert ist der etwa zweieinhalbstündige Wanderweg um den nahen Manly Staudamm und dessen abwechslungsreiche Natur. Am besten beginnt man den Weg mit der Überquerung der eisernen Dammsperre gleich zu Anfang des Reservats (112 King Street, Manly Vale, NSW 2093).

69__Middle Harbour

Eine Bootstour zu den Ursprüngen Sydneys

Undurchdringliches Buschland, über dem schwarze Papageien kreisen, tiefgrünes Wasser, aus dem schwere runde Findlinge wie Murmeln hervorschauen, Mangroven, in denen man bis zum Knie stecken bleibt. Wer in der Weltmetropole Sydney nachfühlen möchte, welches Bild sich den Ankömmlingen der ersten Flotte 1788 bei der Einfahrt in die neue Heimat einst geboten haben mag, ist in der urtümlichen Natur von Middle Harbour gut aufgehoben.

Bei der großen Meeresbucht, die sich zwischen Dobroyd Head und Middle Head etwa zehn Kilometer ins Landesinnere zieht, handelt es sich geologisch um eine Ria, eine fjordähnliche Formation, die nicht von Gletschern, sondern vielen kleinen Flussmündungen gebildet wurde. Die Wasser des rund 100 Quadratkilometer großen Einzugsgebiets, das bis heute nur über die Brücken Spit Bridge und Roseville Bridge überquert werden kann, sind dementsprechend warm und nicht tief. Deshalb leben hier jede Menge Fische, auch Delphine und viele Haiarten. Zwar ist die Gefahr, im Sommer auf dem funkelnden Wasser einen tödlichen Sonnenstich zu bekommen, viel höher als die eines Haiangriffs, Einheimische raten trotzdem vom Baden ab. Denn vor allem die aggressiven Bullenhaie gebären in den warmen Buchten und lassen ihren Nachwuchs bis zu fünf Jahre lang dort planschen. Bis heute erzählt man sich von den acht tödlichen Attacken, die sich in Middle Harbour bis 1963 ereigneten. Dann war plötzlich Schluss mit Beißen, glücklicherweise bis heute.

Am eindrucksvollsten lässt sich die abenteuerliche Landschaft des heutigen Garigal National Parks vom Wasser aus erleben. Am Restaurant Boathouse am Balmoral Beach kann man überdachte Motorboote ohne Führerschein ausleihen, von der Spit Bridge aus sind Kajaktouren mit und ohne Begleitung buchbar. Um genug Zeit für die Erkundung der wilden Ecken von Middle Harbour zu haben, sollte man mindestens drei bis fünf Stunden einplanen.

Adresse Balmoral Boat Shed, 2 The Esplanade Balmoral Beach Mosman, NSW 2088 (Tel. +61/2/434/505444, www.balmoralboatshed.com.au); Harbour Kayaks, 81 Parriwi Road, Mosman, NSW 2088 (Tel. +61/2/99694590, www.sydneyharbourkayaks.com.au) | ÖPNV Busse 244 und 247, Haltestelle Military Road; Busse 143, 169, 178, 180, Haltestelle Spit Bridge | Anfahrt kostenpflichtiges Parken am Balmoral Beach, Höhe Plunkett Road oder am Spit West Carpark, Höhe Spit Bridge (beide Mosman, NSW 2088) | Öffnungszeiten Jahreszeitenabhängig, vorab unbedingt telefonisch informieren und reservieren. Bei Anbruch der Dunkelheit sollten alle Bootsausflügler zurück im sicheren Hafen sein. | Tipp Unbedingt ansteuern sollte man die erste große, rechter Hand hinter der Spit Bridge liegende Bucht. In den nur vom Wasser aus zu sehenden, denkmalgeschützten Gebäuden am Ende der Bantry Bay wurden von 1915 bis 1974 Sprengstoffe gelagert.

70__Die Middle Head Fortifications

Bollwerk gegen die Russen

Diese Wehranlagen sind die ältesten Zeugnisse der Militärgeschichte in Sydney. Schon 1801 entstanden einige der Befestigungen von Middle Head am strategisch wichtigen Punkt gleich gegenüber dem Meereseingang. Die meisten Bauten wurden in den 1870er Jahren gebaut. Heute liegen die denkmalgeschützten Tunnel und Geschützstellungen friedlich eingebettet im Gebiet des Sydney Harbour National Parks, damals aber sollten die im Fort stationierten Soldaten die Stadt vor der russischen Invasion schützen. Warum ausgerechnet das?

Schiffe Großbritannien feindlich gesinnter Nationen besuchten Sydney im 19. Jahrhundert häufig und selbstverständlich. Im März 1863 aber fuhr die russische Korvette »Bogatyr« mitsamt 17 Kanonen an Bord in den Hafen ein. Zwar bemühte deren Admiral Popov sich darum, dem Gouverneur höflich seine Aufwartung zu machen; die Presse jedoch witterte im russischen Besuch die große Spionagestory. Hatte man nicht Männer der Mannschaft dabei beobachtet, wie sie die Küste ausmaßen, und hatte der Admiral selbst sich nicht ein bisschen zu sehr für den Goldrush interessiert? Als die Londoner Times lange nach Abreise Popovs verlautete, die australische Kolonie stünde kurz vor der Invasion, war kein Halten mehr. Eine Flut von Befestigungsanlagen entstand entlang der Küsten, zumal Großbritannien 1870 die letzten seiner Truppen aus Sydney abgezogen hatte und man die Invasion weiterer europäischer Mächte fürchtete.

Die Einzigen, die jemals kamen, waren die Japaner, die im Mai 1942 während des Zweiten Weltkriegs in drei Kleinst-U-Booten in den Hafen einliefen und von denen einige anschließend Harakiri begingen. Aber das ist wieder eine andere Geschichte. Das weitläufige Gelände lässt sich frei erkunden. Wegen der Absturzgefahr sollte man Abstand zu den Grubenrändern halten und Kinder nicht unbeaufsichtigt lassen.

Adresse 1 Govenors Road, Mosman, NSW 2088 | **ÖPNV** Bus 111, Haltestelle Middle Head Rd opp Balmoral Naval Hospital | **Anfahrt** kostenloser Parkplatz am Ende der Governors Road | **Öffnungszeiten** immer zugänglich, nach Einbruch der Dunkelheit wegen Sturzgefahr nicht zu empfehlen | **Tipp** In den nahen historischen Baracken haben sich Künstler eingemietet, und im Frenchy's Café im ehemaligen Casino der Kaserne lädt das australisch-französische Betreiberpaar zu hausgemachten Quiches und Croques (3 Read Place, Mosman, NSW 2088).

71__Das Mitchell Road Antique & Design Centre

Mit Muße stöbern

Diese 2.300 Quadratmeter große Antikhalle ist ein Mekka für Freunde von Gebrauchtwaren. Von ausgestopften Kamelen und abgelegten Outback-Cowboyhüten über Designerhandtaschen und ozeanische Volkskunst bis hin zu Möbeln, Ölgemälden, Langspielplatten und Comics wird alles angeboten, was schön, originell oder einfach nur obskur ist. Das Konzept der Halle basiert auf dem Zusammenschluss von Einzelhändlern, Sammlern oder Privatleuten, die ihre seltenen Fundstücke in kleinen abgeteilten Kojen zum Kauf anbieten, ohne jedoch selber anwesend zu sein. Bezahlt wird am Ende an einer Zentralkasse. Angenehmer Nebeneffekt des Ganzen ist die absolute Freiheit beim Betrachten der Antiquitäten. Kein grummeliger Antiquar im verbeulten Anzug ist in der Nähe, der einen hinter seinem Tresen versteckt heimlich böse anschielt, weil er die geliebten Preziosen im Grunde seines Herzens gar nicht verkaufen möchte. Keine aufgetakelte Vintagedame behandelt einen abschätzig, weil sie ihre Schätze nicht von einer solchen Durchschnittsperson getragen wissen will. Hier stört wirklich niemand das Stöbervergnügen mit unerwünschter Einmischung. Es darf nach Herzenslust und über Stunden angefasst, ausprobiert und anprobiert werden, ohne dass man groß behelligt oder beraten wird.

Die Preise changieren sehr, im Großen und Ganzen ist das Preisniveau aber moderat. Vielleicht soll es ein australisches Designkleid der 1960er Jahre am Stand von Linda Connell sein, die seit über 40 Jahren Vintagemode verkauft, etwas aus der Sammlung alter Haigebisse bei Vintage Department oder ein dekoratives handgemaltes Hotelschild aus dem Sydney der 1930er Jahre? Den durchaus verlockenden Korallen- und Muschelstand mit seinen exotischen Exponaten sollten Besucher aus Übersee wegen der rigiden Ausfuhrbestimmungen Australiens allerdings unbedingt links liegen lassen.

Adresse 17 Bourke Road, Alexandria, NSW 2015, Tel. +61/2/96980907, www.mitchellroad.com.au | **ÖPNV** Busse L09, 309, 310 und 370 bis Haltestelle Green Square Station | **Anfahrt** wenige kostenfreie Parkplätze rechts der Halle, kostenpflichtiges Parken in den Nebenstraßen | **Öffnungszeiten** Mo–So 10–18 Uhr | **Tipp** Wer doch nicht fündig werden sollte, kann es ein paar Straßen weiter beim höherpreisigen Konkurrenten Lunatiques versuchen, einer 3.500 Quadratmeter großen Antikhalle (2 Kent Road, Mascot, NSW 2020, Mo–So 10–17 Uhr, www.lunatiques.com.au).

72 Der Molineaux Point

Blick auf große Pötte

Kaum zu glauben, dass in dieser geschäftigen Bucht einst die Eroberung Australiens ihren Anfang nahm. Als James Cook am 29. April 1770 im Rahmen seiner ersten Weltumsegelung mit der »Endeavour« hier haltmachte, gab der mitreisende Botaniker Sir Joseph Banks ihr wegen der umwerfenden Pflanzenvielfalt ihren Namen: Botany Bay wird die große Bucht seither genannt. 18 Jahre später legte Arthur Phillip mit seiner Flotte voller Strafgefangener kurz an, und die Geschichte nahm ihren Lauf. Kamay hieß die Bucht bei den Ureinwohnern des Stammes der Dharawal, die den Ankömmlingen neugierig und friedlich begegneten. Einige Nachfahren von ihnen leben noch immer in der Bucht.

Viel ist von der einst überbordenden Natur nicht geblieben. Auch wenn regelmäßig Schulen großer Tümmler in Richtung des gegenüberliegenden Nationalparks ziehen, prägt der Hafen Port Botany das Gesicht der Landschaft. 1.600 Schiffe, beladen mit zweieinhalb Millionen Containern, fahren jährlich am nach einem Besatzungsmitglied der »Endeavour« benannten Molineaux Point vorbei. Man kommt den Kommandobrücken der gigantischen Containerschiffe so nah, dass man den Kapitänen fast ins Gesicht schauen kann. Hier wird gewunken, was das Zeug hält.

Fast 50 Prozent aller Haushaltswaren gelangen über den großen Containerhafen nach Australien, der 25.000 Menschen Brot und Lohn gibt. Bei seiner Entstehung 1970 absorbierte der Riesenhafen weite Teile der Küste. Das kleine Erholungsgebiet am Ende des Prince of Wales Drive wurde als spärlicher Ausgleich für diesen Verlust geschaffen. Trotz der geschichtlichen Bedeutung der Bucht droht der Verlust weiterer Küstenabschnitte. Die Landesregierung hat die sich östlich vom Drive befindliche Yarra Bay als Standort für ein neues Kreuzfahrtterminal auserkoren. Aber die Anwohner der Bucht protestieren und wollen die Ankunft der großen Schiffe diesmal nicht kampflos hinnehmen.

Adresse Molineaux Point, Prince of Wales Drive, Port Botany, NSW 2036 | **ÖPNV** Bus 307, Haltestelle Botany Cemetery, Military Rd | **Anfahrt** kostenloses Parken am Wendehammer des Molineaux Point | **Öffnungszeiten** stark variabel, etwa von Tagesanbruch bis Dämmerung | **Tipp** Der genaue Landungspunkt Captain Cooks liegt am genau gegenüberliegenden Strand der Bucht und ist seit 1870 mit einem Sandsteinobelisken gekennzeichnet (Prince Charles Parade & Captain Cook Drive, Monument Track, Kurnell, 2231).

73__Die Mortlake Ferry

Mit der Autofähre über den Parramatta River

Wer Fahrten über offenes Wasser liebt, ist in Sydney genau richtig. Von über 35 Fähranlegern aus kann man an nahezu jedem Ufer der Stadt zu einer Bootstour ablegen. Wer allerdings mit seinem Auto übersetzen möchte, kann dies nur mit der Mortlake Ferry tun, die auf der anderen Uferseite merkwürdigerweise einen anderen Namen trägt und Putney Punt genannt wird. Seit 1928 ziehen dicke Stahlkabel den als Kulturgut von staatlicher Seite finanzierten und geschützten Kahn über den Parramatta River. Die Fahrt ist kurz und kostenlos. Fußgänger genießen allerdings fast den besseren Ausblick, denn Autofahrer müssen in ihrem Gefährt sitzen bleiben. Flussaufwärts ragt eine Landspitze ins Wasser. Das daran anschließende Gebiet wurde ab 1794 von entlassenen Strafgefangenen bewirtschaftet. Die neuen Eigentümer bauten Früchte, Kartoffeln und Mais an und lieferten auch Eier und Fleisch in die neu entstandene Kolonie. Weil die schwer beladenen Kähne wegen des damals recht seichten Wassers hier gelegentlich den Boden streiften, taufte man die Uferzone kurzerhand Kissing Point.

Um die Jahrtausendwende hatte das Gebiet bereits eine der höchsten Konzentrationen an neuen Siedlern in ganz Australien. In Mortlake, also auf dem südlichen Ufer des Flusses, entstanden die Gebäude der Australian Gas and Light Company, die bis zu 25 Kilometer entfernt liegende Haushalte versorgte und für deren auf der anderen Seite des Ufers lebende Arbeiter der Fährverkehr eröffnet wurde. Richtet man seinen Blick während der etwa vier Minuten dauernden Fahrt nach Osten, kann man am Horizont die Skyline sehen.

Gut erkennbar ist aus dieser Perspektive, dass Sydney eine Stadt der Einfamilienhäuser ist. Zwar entstehen in den vergangenen Jahren zunehmend große Mietskasernen und Hochhäuser, dennoch hat die Stadt bis heute eine der höchsten Dichten solitär stehender Eigenheime weltweit.

Adresse Fähranleger von Süden nach Norden: Hilly Street, Mortlake, NSW 2137 oder von Norden nach Süden: Pellisier Road, Putney, NSW 2112 | **ÖPNV** Fähre F3, Haltestelle Kissing Point Ferry Wharf, Bus 464, Haltestelle Tennyson Rd opp Northcote St | **Öffnungszeiten** Fährverkehr Mo–Fr 6.45–9.25 und 14.45–18.15 Uhr, am Wochenende auf Zuruf 10.45–17.35 Uhr | **Tipp** Wer die Überfahrt zu kurz fand und zu Fuß unterwegs ist, nimmt am nahen Anleger Kissing Point Ferry Wharf (Waterview Street, Putney, NSW 2112) die Linie F3 und schippert über den Paramatta River in 50 Minuten bis zur Sydney Opera (Haltestelle Circular Quay).

74 Das Museum of Fire

Bei den Helden Australiens

Die Australier lieben ihre Feuerwehr, und das aus gutem Grund. So gut wie jedes Jahr im Sommer brennen Hunderttausende Hektar der hochentzündlichen Eukalyptuswälder nieder, lassen Rauch- und Glutschwaden die Luft zum Atmen knapp und den Himmel schwarz werden. Die Eingreiftruppe in den neongelben Uniformen hat schon so manches Leben gerettet, wenn in Sekunden auftretende Feuersbrünste und deren Glutstürme ganze Siedlungen bedrohten. Dementsprechend hoch ist ihr Kultstatus. Selbst die Tatsache, dass viele der Sydney wiederum im Herbst heimsuchenden ätzenden Brandwolken auf ihr Konto gehen, nimmt man ihnen nicht übel. Denn die dunklen Wolken gehören zu den berühmt-berüchtigten *hazard reduction burns*, also Bränden, die bewusst gelegt werden, um Schneisen zu brennen, die während der nächsten Sommersaison wiederum vor unkontrollierbaren, durch natürliche Ursachen oder Brandstiftung entstehenden Feuern schützen.

Im Feuerwehrmuseum wird über all diese Techniken aufgeklärt, die man sich zum Teil von den Aborigines abschaute. Denn auch die brannten gezielt den Busch nieder und managten damit ihr Land. Daneben werden Feuerwehrfahrzeuge von Anbeginn der Feuerbekämpfung bis zur Neuzeit ausgestellt, mit Dampf betriebene und ehemals von Pferden gezogene Feuerwehrpumpen aus dem 19. Jahrhundert oder schicke Landrovermodelle im 1960er-Jahre-Chic. Damit auch bei echten Feuerwehrfans keine Langeweile aufkommt, werden die Ausstellungsmodelle regelmäßig aus dem riesigen Depot des Museums ergänzt und die Ausstellung umgebaut. Informieren kann man sich im Museum auch über die richtige Verhaltensweise bei Buschfeuern. Die gehören nämlich in manchen Gebieten im Sommer tatsächlich zum Alltag. Die tagesaktuellen *Fire Danger Ratings* und Wettervorhersagen zu kennen ist für jeden, der in der weiten Natur Australiens reisen möchte, ein absolutes Muss.

Adresse 1 Museum Drive, Penrith, NSW 2750 | **ÖPNV** Bahnen T1 und Blue Mountains Line, Haltestelle Penrith | **Anfahrt** kostenlose Parkplätze vor dem Museum | **Öffnungszeiten** täglich 9.30 – 16.30 Uhr | **Tipp** Wer schon einmal in Penrith ist, kann auch gleich noch das kleine Museum of Printing besuchen (Mulgoa Road & Ransley Street, Penrith, NSW 2750, www.printingmuseum.org.au, Sa, So 10 – 16 Uhr) oder das ebenfalls von Ehrenamtlichen geleitete Nepean Naval & Maritime Museum (40 – 42 Bruce Neale Drive, Penrith, NSW 2750, www.napeannavalmuseum.org, So 11 – 15 Uhr).

75 The Narrabeen Man

Endstation Bushaltestelle

Was kann man am Fundort des drittältesten Skeletts Australiens wohl vermuten? Ein Museum, ein Informationsschild oder eine Gedenktafel? Alles falsch – eine Bushaltestelle natürlich! So in Narrabeen, einem Vorort Sydneys an den Northern Beaches.

Als Straßenarbeiter beim Verlegen von Gasleitungen 2005 auf die Knochen eines voll erhaltenen Skeletts stießen, glaubte man zunächst, einem aktuellen Mordfall auf die Spur gekommen zu sein. Doch die aus Kalifornien in den USA zurate gezogenen Experten datierten die Knochen mit einer Radiokarbonuntersuchung kurzerhand um. Bei dem männlichen Verstorbenen handele es sich um einen vor mindestens 4.000 Jahren an dieser Stelle zu Tode gekommenen Aborigine. Dass der Mittdreißigjährige zudem etwa 183 Zentimeter groß gewesen sein muss und sich vornehmlich von Meeresfrüchten wie Fisch, Schalentieren, Seetang und Seevögeln ernährte, ergaben anschließende Forschungen der Archäologen der Australian National University in Canberra. Das sandige Grab in der ehemaligen Küstendüne enthielt auch Steinsplitter, die Experten als Speerspitzen identifizierten. Somit schloss sich der Kreis zum zunächst vermuteten Kriminalfall, denn der »Narrabeen Man« getaufte Verstorbene wurde Opfer eines Speerangriffs, wie Mediziner anhand seiner Skelettverletzungen nachweisen konnten. Was genau ihm auf der damals noch viel schmaleren Landspitze widerfuhr, wird für immer ein Rätsel bleiben.

Die Lagune jedenfalls versandete, wurde gegen Ende des 19. Jahrhunderts bebaut und ist jenseits der Bebauung heute eines der interessantesten Naturreservate Sydneys. Auf ihren 55 Quadratkilometern Einzugsgebiet haben sich einige seltene Vegetationen erhalten, darunter Terpentinbäume und Wälder des weißen Mahagoni-Eukalyptus.

Die eindrucksvolle Weite der Lagune lässt sich gut vom North Narrabeen Headland Lookout aus betrachten.

Adresse Octavia Street, Narrabeen, NSW 2101 | ÖPNV Bus 155, Haltestellen Ocean St at Octavia St und Ocean St near Octavia St | Anfahrt kostenfreies Parken in der Octavia Street | Öffnungszeiten immer zugänglich | Tipp Das Coastal Environment Centre (CEC) Narrabeen gibt als kleines Naturkundemuseum Einblick in die bedrohte Vielfalt der Lagune und bietet Führungen vor Ort. Mo–Fr 9–17 Uhr, 9 Pelican Path/Lake Park Road, North Narrabeen, NSW 2101, Tel. +61/2/1300000232).

76_Die OpShops

Bei der besten aller Gelegenheiten

Noch vor einigen Jahren ernteten Sydneysider, die ihren Freunden erzählten, sie kauften im Shop der Heilsarmee ein, traurige Blicke und mitfühlende Worte für ihr Schicksal. Mittlerweile gehört der Gang in einen der über die ganze Stadt verteilten Charityläden zum hippen Hobby umweltbewusster Konsumenten und ist vom Stigma der Bedürftigkeit befreit. Nachhaltig zu shoppen und dabei noch Gutes zu tun ist einfach zu verlockend. Die Wohltätigkeitsorganisationen profitieren vom Boom, der überall in Sydney neue Läden wie Pilze aus dem Boden schießen lässt. Und was von außen manchmal gammelig aussieht, birgt innen oft wahre Schätze.

Einem Melbourner Showgirl namens Lady Millie Tallis kam 1925 der Einfall, den Gebrauchtwarenläden einen würdigeren Namen zu geben und ihnen ein kleines »op« vor den »Shop« zu setzen. Das steht für *opportunity*, also für die Gelegenheit.

Katholische Organisationen wie die Salvation Army oder die St. Vincent de Paul Society nehmen in ihren »Salvos« und »Vinnies« getauften Läden Tonnen an Spenden entgegen und verkaufen sie nach sorgfältiger Prüfung weiter, ebenso wie die Krisentelefongesellschaft »Lifeline« oder das Kinderhilfswerk »The Smith Family«. Sydney ist eine reiche Stadt – das spiegelt sich auch im täglich wechselnden Angebot der prall gefüllten Läden wider. Wer Glück hat, entdeckt schon mal eine ehemals sündhaft teure Handtasche, italienische Seidenkrawatten oder echte Antiquitäten für wenige Dollar.

Die besten Schnäppchen findet man in Luxusvororten wie Mosman oder Vaucluse, wo jede neue Modesaison massenhaft bestens erhaltene Kleidungsstücke und Accessoires aus der alten Saison in die OpShops schwemmt. Entschlussfreudigkeit sollte man unbedingt haben, denn was weg ist, ist weg. Und zur Not bringt man ein unüberlegt gekauftes Stück eben wieder zurück und betrachtet die Ausgabe als reine Spende.

Adresse Überall im Stadtgebiet. Manche Shops sind spezialisiert, so der Lifeline Shop Mosman (20 Spit Road, Mosman, NSW 2088) mit einer eindrucksvollen Auswahl an Vintage-Kleidung aus den 1950er bis 1970er Jahren. Einer der größten Läden ist der Vinnies in Brookvale (22 Roger Street, Brookvale, NSW 2100), der auch Möbel und Kunstgegenstände anbietet. | Öffnungszeiten variieren, in der Regel Mo–Sa 10–17 Uhr, gelegentlich auch sonntags | Tipp Die Geschichte der Heilsarmee in Australien lässt sich im Salvation Army Museum Sydney erkunden (32 Barnsbury Grove, Bexley North, NSW 2207, Mo–Sa 9–14 Uhr).

77_Die Paddington Reservoir Gardens

Vorbild Babylon

Wasser ist nicht nur in Australien ein wertvolles Gut. Hier aber unterliegt sein Verbrauch regelmäßig strengen Beschränkungen, wenn die großen Stauseen am Rande der Stadt unter der Hitze des Sommers unnachgiebig schrumpfen und das kühle Nass aus der Leitung keine Selbstverständlichkeit mehr ist. Autowaschen ist dann verboten, Pflanzenbewässerung nur sehr eingeschränkt möglich, und es wird medial zum kurzen Duschen aufgefordert. Bereits Mitte des 19. Jahrhunderts wurden allerlei Techniken erdacht, um den Anwohnern der überall aus dem Boden sprießenden, dicht besiedelten neuen Stadtteile die Versorgung mit Wasser zu ermöglichen.

Heute sind die Reservoir Gardens eine idyllische Grünoase für das Viertel Paddington an dessen Lebensader Oxford Street. Einst allerdings versorgten sie den gesamten Stadtteil als halb unterirdisches, neun Millionen Liter fassendes Reservoir mit Wasser, das man aus den Sümpfen um die Botany Bay hierherpumpte. Mit dem Bau weiter reichender Versorgungsleitungen wurde es 1898 außer Betrieb genommen. Während des Zweiten Weltkriegs wurde es als Luftschutzbunker genutzt, später als Garage und Tankstelle. Bis das Dach einstürzte und die Stadtverwaltung das Gelände notsichern musste.

Die ab 2006 in Auftrag gegebene Umgestaltung des Geländes hatten sich die Damen und Herren der Verwaltung eigentlich als Abriss und schicken Neubau vorgestellt. Doch die Architekten des bekannten australischen Büros Tonkin Zulaikha Greer Architects ersannen die Beibehaltung der historischen Elemente und einen Park mit geradezu dramatischer Architektur. Nichts Geringeres als die sagenumwobenen hängenden Gärten des babylonischen Königs Nebukadnezar II. waren Vorbild. Der Herrscher hätte wohl seine Freude gehabt an dem mit Farnen und Palmen bepflanzten Untergrundpark zwischen den Ruinen des einstigen Reservoirs.

Adresse 251–255 Oxford Street, Paddington, NSW 2021 | **ÖPNV** Busse 333, 352 und 440, Haltestelle Oxford St opp Paddington Town Hall | **Anfahrt** kostenpflichtiges Parken am Straßenrand | **Öffnungszeiten** immer zugänglich | **Tipp** Das direkt gegenüberliegende georgianische Haus Juniper Hall von 1824 wurde nach der Wacholderpflanze benannt, weil sein Erbauer Robert Cooper Gin produzierte. Heute gehört es der Unternehmerfamilie Moran, die hier Australiens höchstdotierten Kunstpreis vergibt und ausstellt (www.moranarts.org.au).

78_Die Parsley Bay

Im Reich des Einsiedlers

Warum die Bucht ausgerechnet nach der Petersilienpflanze benannt ist, weiß heute kein Mensch mehr. Sicher ist, dass der Name bereits auf einer Landbewilligungsakte von 1793 auftaucht. Die schönste Theorie besagt, einst habe ein Einsiedler mit dem Spitznamen »Parsley« in den verwunschenen Höhlen mit Wasserfall oberhalb des Strandes gelebt. Einer anderen Theorie zufolge wuchs zur Zeit der Kolonialisierung Sydneys eine einheimische essbare Pflanze nahe der Bucht, die die hungrigen Siedler bereits kurz nach ihrer Landung aßen. Sei's drum – so pittoresk wie hier kann man selten ein Wasser überqueren und sich anschließend in der türkisfarbenen Bucht abkühlen, die übrigens von einem Hainetz geschützt wird.

Die weiße Fußgängerhängebrücke über die Bucht entstand 1912. Vorausgegangen waren ihrem Bau die zur Wende des 20. Jahrhunderts leidenschaftlich geführten Diskussionen, ob das Küstenvorland zum natürlichen Hafen von Sydney allen Besuchern und nicht nur einzelnen wohlhabenden Landbesitzern zugänglich sein sollte. Zwar sind große Küstenabschnitte heute mit nur vom Wasser aus zu sehenden Residenzen bebaut und nicht frei zugänglich, die Bürgerbewegung »Harbor Foreshores Vigilance Committee« sorgte jedoch um 1905 dafür, dass die Parsley Bay und viele andere Buchten unbebaut blieben. Auch über zehn Hektar ursprünglichen Buschlands sind buchteinwärts erhalten. Wandert man vom Strand und den anschließenden Picknickwiesen aus hinein, ist man bald im einzig übrigen Regenwaldstrang an der Südküste des Hafens von Sydney. Am Ufer des oberhalb des felsigen Kammes entspringenden Wasserfalls lebten noch bis etwa um die 20. Jahrhundertwende Mitglieder des Clans der Birrabirragal, die immer sonntags zu Speer- und Bumerangwurfvorführungen an den Strand zogen. Ihre ehemals in die Felsvorsprünge der Schlucht gemalten Handabdrücke sind längst verblichen.

Adresse Parsley Road, Vaucluse, NSW 2030 | ÖPNV Bus 325, Haltestelle Fitzwilliam Rd at Parsley Rd | Anfahrt kostenpflichtiges Parken am Ende der Horler Avenue (Vaucluse, NSW 2030) | Öffnungszeiten immer zugänglich | Tipp Überquert man die Brücke (von Fitzwilliam Road zu The Crescent, Vaucluse, NSW 2030), begegnen einem an sonnigen Tagen so gut wie immer hübsche Wasseragamen auf den warmen Felsen. Die geschützten Riesenechsen können bis zu 80 Zentimeter lang werden, sind aber trotz ihres drachenähnlichen Aussehens vollkommen ungefährlich. Anfassen, Füttern oder Stören stehen unter strenger Strafe.

79 Der Plane Spotting Beach

Neben dem Tor zur Welt

Kerosin liegt in der Luft an diesem Strand, der weniger durch Schönheit als vielmehr durch seine ungewöhnliche Lage besticht. Unmittelbar am fast 4.000 Meter langen Hauptrunway des Sydney Airport gelegen, bietet er besten Ausblick auf die startenden Maschinen bei gleichzeitigem Sonnen- oder Wasserbad. Hier treffen sich im Sommer Australier aus den westlichen Vororten und lassen ihre Jetskis röhren, während am Strand Hunde und häufig auch Pferde von ihren Eigentümern ans nasse Vergnügen herangeführt werden. In der Ferne ragen die großen Ladekräne des aufgeschütteten Hafengebietes Port Botany wie gigantische Robotertiere aus der Landschaft.

Als Captain Cook 1770 in der großen Bucht landete, waren er und seine Mitreisenden von der wild blühenden Natur hingerissen. Schon 130 Jahre später nutzten ein Golfclub und ein Pferderennverein die gerodeten nördlichen Ufer der Botany Bay. Dem Flugpionier Nigel Love ist es zu verdanken, dass die Pferdekoppel zu Australiens Tor zur Welt wurde, das über 44 Millionen Passagiere jährlich passieren. 1919 pachtetet er vom Pferdeclub Wiesen und Felder, ließ einen Hangar aus Segeltuch bauen und drehte seine erste Flugrunde über dem Gebiet. Schon Mitte der 1920er Jahre gab es regelmäßige Flugverbindungen zwischen Sydney, Melbourne und Adelaide. Schließlich übernahm die australische Regierung den Flughafen und richtete 1947 eine internationale Verbindung ein. Nach ganzen sechs Zwischenstopps und 96 Stunden Flugzeit erreichten Reisende aus Sydney fortan ihren Zielort London. Die berühmte »Kangaroo Route« von Australiens erster Fluglinie Qantas, die der Gesellschaft ihr Wappentier bescherte, war geboren. Heute starten oder landen zu normalen Zeiten bis zu 350.000 Flüge jährlich vom oder am Kingsford Smith Airport, der nach einem berühmten verschollenen Flugpionier Australiens benannt wurde.

Adresse Kyeemagh Avenue, Mascot, NSW 2020 | ÖPNV Bus 303, Haltestelle General Holmes Dr near Control Tower | Anfahrt Von beiden Richtungen auf dem General Holmes Driveway kommend, gilt es die jeweils kurzen Ausfahrten »Kyeemagh Ave« zu erwischen. Der Straße am Gebäude von »Airservices Australia Sydney« vorbei Richtung Meer folgen. Kostenfreie Parkplätze neben dem alten Kontrollturm aus Beton und Glas am Ende der Sackgasse. | Öffnungszeiten täglich 6–19 Uhr, Tor schließt pünktlich | Tipp Im nahen Stadtteil Brighton-Le-Sands haben sich zahlreiche griechische Einwanderer angesiedelt, die dort entlang der Strandpromenade gute bodenständige Restaurants betreiben (The Grand Parade, Brighton-Le-Sands, NSW 2216).

80_The Pollys Club

Fröhliche Befreiungsparty

Stigmatisierung und Ausgrenzung waren für Lesben, Schwule, Bisexuelle und Transgender in den 1960er Jahren auch in Sydney an der Tagesordnung. Zwar hatte ein Bericht des britischen Abteilungsausschusses für homosexuelle Straftaten und Prostitution von 1957 unter Sir Wolfenden die Entkriminalisierung von Homosexualität empfohlen, doch trotz des politischen Einflusses Großbritanniens auf die ehemalige Kolonie sollte sich bis 1984 in New South Wales erst einmal so gut wie gar nichts ändern. Einzige Möglichkeit, unter Gleichgesinnten zu feiern, boten private Partys und mehr oder weniger geheim agierende Mitgliederclubs.

Einen davon gibt es bis heute in seiner alten Form: Der Pollys Club wurde im Juli 1964 von sechs Freunden gegründet, von denen einer den Spitznamen Polly trug. Da alle Mitglieder Spaß an Dragshows hatten, mietete man kurzerhand einen Veranstaltungssaal in einem Rathaus im Westen der Stadt und übte eine Show ein. Obwohl Homosexualität unter Strafe stand, ließen die Behörden den Club gewähren. Im November 1964 führten die Mitglieder die erste eigene Amateurproduktion auf und tanzten anschließend vergnügt bis in die Nacht.

So ist es im Grunde bis heute geblieben. Der etwa im Zweimonatstakt stattfindende Abend beginnt mit Vorführungen, die so schöne Titel tragen wie »The First Fleet – or what really went on below deck« und endet mit Tanz bei Discolicht und Getränken zu moderaten Preisen. Das fühlt sich dann ein bisschen so an wie der Schulabschlussball in der Turnhalle, wären da nicht – neben den jungen – die vielen doch etwas extravaganter gekleideten, fröhlich tanzenden Damen und Herren fortgeschrittenen Alters. Willkommen ist hier jeder, der friedlich seinen Spaß haben möchte. Da der Verein gemeinnützig ist, fließen alle Einnahmen an Tierschutzvereine, Kinderkrankenhäuser oder Aids-Wohltätigkeitsorganisationen.

Adresse meist Marrickville Townhall, 303 Marrickville Road, Marrickville, NSW 2204, Termine und Themen der Vorstellungen und Partys unter www.thepollysclub.com.au | **ÖPNV** Busse 418, 425, 426, Haltestelle Marrickville Townhall | **Anfahrt** kostenloses Parken in den Nebenstraßen | **Öffnungszeiten** Einlass ist immer um 19 Uhr, die Dragshow startet um 21.30 Uhr, und rausgeworfen wird man um 1 Uhr. | **Tipp** Wer Freude an einem Foto mit dem Regenbogen als internationalem Symbol der Schwulen- und Lesbenbewegung hat, wird in Sydney fündig am Regenbogen-Zebrastreifen (Bourke Street, Surry Hills, NSW 2010) oder dem Regenbogen-Spazierweg (Prince Alfred Park, Chalmers Street, Surry Hills, NSW 2010).

81 Der Prince Alfred Park Pool

Ausgezeichnete Erholungslandschaft

Von Weitem könnte man meinen, das Künstlerehepaar Christo und Jeanne-Claude habe die grellgelben Schirme seines berühmten »Umbrella«-Projektes in Sydney stehen lassen. Und tatsächlich diente die Arbeit der beiden Künstler den Architekten und Designern von Neeson Murcutt Architects und Sue Barnsley Design als Vorbild für die markanten Sonnenschirme, als sie 2006 damit begannen, den Prince Alfred Park Pool mitten in Sydney neu zu gestalten. Das Areal um die einst verfallene Anlage von 1958 gehört heute zu den spannendsten Erholungsarchitekturen, die Sydney zu bieten hat, und wurde vielfach ausgezeichnet. Lavendel-, Büschel- und kurzhaarige Federgräser verstecken die 50-Meter-Bahnen vor den Blicken der Parkbesucher und geben der öffentlichen Anlage den Anschein eines exklusiven Privatpools. Nur auf das Liegen auf den gepflegten Holzterrassen muss man winters verzichten, der Pool selbst wird beheizt.

Benannt wurde der Park übrigens nach Alfred von Sachsen-Coburg und Gotha, dem vierten Kind und zweitgeborenen Sohn der britischen Königin Victoria und ihres Gemahls Albert. Als der in Familienkreisen »Affie« genannte Alfred als erstes Mitglied des britischen Königshauses 1868 Sydney besuchte, wurde er während eines Picknicks Opfer eines Pistolenanschlags. Das politische Attentat, verübt durch einen irischen Katholiken, war das erste überhaupt auf australischem Boden, ging aber glimpflich aus. Affie konnte seine Reise um die Welt nach einer kurzen Erholung fortsetzen, und in Sydney benannte man zur Wiedergutmachung eine grüne Wiese nach dem Königskind – die übrigens bis Mitte des 19. Jahrhunderts ein wichtiger Lager- und Festplatz der Aborigines gewesen war. Mit der Einführung der Eisenbahn 1855 und spätestens mit der Nutzung der Wiese als Schauplatz der ersten Agricultural Society Show wurden die jedoch für immer vertrieben.

Adresse 105 Chalmers Street, Surry Hills, NSW 2010 (www.princealfred.org) | ÖPNV Busse 308, 309, 320, 343, 372, 393 und 395, Haltestelle Chalmers St opp Belvoir St | Anfahrt kostenpflichtiges Parken etwa in der Cleveland Street | Öffnungszeiten täglich 6–19 Uhr, Sa, So 6–17 Uhr (Eintrittspreis 6,90 AUD) | Tipp Das nahe gelegene, im georgianischen Kolonialstil um 1820 erbaute Cleveland House (146–164 Chalmers Street, Surry Hills, NSW 2010) ist eines der ältesten Häuser Sydneys und wird Francis Greenway zugeschrieben, einem der ersten von der Kolonialregierung offiziell ernannten Architekten.

82 Der Queenscliff Tunnel

Das mysteriöse Wurmloch

»Suchen Sie nach dem pinken Graffitiherz!«, lautete der Hinweis der Einheimischen von Queenscliff zum Felsen am nördlichen Ende von Manly Beach. Und tatsächlich liegt gleich unterhalb des riesigen, auf den Stein gesprühten Liebessymbols der Eingang zu einem 40 Meter langen Tunnel, der »wormhole« genannt wird.

Nach Würmern sucht man darin vergebens, mit Mücken hingegen sollte man rechnen. Wer sich in die feuchte dunkle Röhre wagt, gelangt an einen der abgeschiedensten Sonnenplätze Sydneys und entgeht so dem Trubel des nahen Surfstrandes, der für seine *bomboras* bekannt ist. Das Wort, liebevoll auch *bommie* abgekürzt, stammt aus dem indigenen Australisch und bezeichnet große, schwere Wellen, die gleichmäßig auf die Küste zurollen. Eine sich unter dem Meeresboden weiterziehende Felsplatte vor dem Kliff sorgt dafür, dass sich bei entsprechender Wetterlage Brecher an die Küste wälzen, die wahrlich nichts für Anfänger sind. Nicht selten kann man hier australischen Surfikonen dabei zusehen, wie sie sich von Jetskis auf den Ozean ziehen lassen, um anschließend eine der Superwellen zu erwischen. Dass auf dem heute mit luxuriösen Appartementhäusern vollgebauten Queenscliff – das übrigens zu Ehren von Queen Victoria so benannt wurde – bis Mitte des 20. Jahrhunderts schlichte Ferien- und Fischerhütten standen, ist kaum vorstellbar. Um Manly mit dem benachbarten Küstenabschnitt von Freshwater, einer damals noch ländlich geprägten Gegend, zu verbinden, kam der örtliche Gastronom Robert David Lewers 1908 auf die Idee zu einem Tunnel. So wollte er den in Manly schon tobenden Ausflüglerstrom zu seinem Strandkiosk in Freshwater locken. Innerhalb von nur drei Monaten wurde die Unterführung durch den Stein geschlagen. Heute wird der weitere Weg in Richtung Freshwater durch große Felsabgänge versperrt, sodass man auf demselben glitschigen Untergrund wieder zurückgehen muss.

Adresse oberhalb des Queenscliff Rockpools dem Felsenweg Richtung Graffitiherz folgen | **ÖPNV** Busse 166 und 167, Haltestelle North Steyne opp Queenscliff SLSC | **Anfahrt** kostenpflichtiges Parken an der Strandpromenade nahe dem Queenscliff Surf Life Saving Club (North Steyne & Collingwood Street, Manly, NSW 2095) | **Öffnungszeiten** immer zugänglich, bei Hochflut oder Sturm sind Pool und Felsen nicht über den Strand zu erreichen | **Tipp** Lange Schlangen bilden sich am Wochenende vor dem tunnelnahen Salty Rooster, in dem der griechischstämmige Jimmy Sagiotis und seine Familie im Schweiße ihres Angesichts täglich bis zu 400 Hühnerburger in 15 Varianten verkaufen (73 Collingwood Street, Manly, NSW 2095).

83 The Queen's Letter

Geheimnis hinter Glas

Die meisten von uns werden niemals erfahren, was drinsteht. Denn der ominöse Brief hinter Panzerglas darf erst im Jahr 2085 geöffnet werden. Er ist an denjenigen gerichtet, der zu diesem Zeitpunkt Bürgermeister von Sydney ist, und trägt übersetzt die Aufschrift: »An einem geeigneten Tag, der von Ihnen im Jahr 2085 n. Chr. gewählt wird, würden Sie bitte diesen Umschlag öffnen und den Bürgern von Sydney meine Botschaft überbringen.« Welcher Spaßvogel hinter dieser Aktion steckt? Ihre verstorbene Majestät Queen Elizabeth II. selbst!

Als das Einkaufszentrum Queen Victoria Building, kurz QVB, 1986 nach langen Restaurierungsarbeiten wiedereröffnet wurde, reiste Queen Elizabeth II. eigens dafür an und überreichte ihre geheime Botschaft, die seither dort aufbewahrt wird. Immerhin ist der englische Regent bis heute automatisch auch Staatsoberhaupt Australiens. Und was teilt er seinem Volke nun wohl mit? »Ich schenke Euch die Unabhängigkeit!« oder »Trinkt mehr Gin!«?

Wie auch immer. Das prachtvolle, ein ganzes Viertel einnehmende Gebäude wurde jedenfalls 1898 vom erst 28-jährigen Architekten George McRae entworfen und ersetzte die ursprünglichen Markthallen auf dem Gelände. Unter der zu diesem Zeitpunkt herrschenden Wirtschaftskrise sollte der Bau des »Palast des Volkes« nicht leiden. Im Gegenteil: Die prächtigen Architektur- und Innenarbeiten dienten als eine Art Arbeitsbeschaffungsmaßnahme der Regierung für die vielen brotlosen Handwerker, Steinmetze, Stuckateure und Glaskünstler Sydneys. Nach seiner Fertigstellung waren im QVB jahrzehntelang ein Konzertsaal, Cafés, Büros, Ausstellungsräume, Lagerhallen und die unterschiedlichsten Geschäfte untergebracht, darunter feine Schneider, Hutmacher, Friseure und Floristen. Als es in den 1960ern zugunsten eines Parkhauses abgerissen werden sollte, gelang den Sydneysidern mit leidenschaftlichen öffentlichen Kampagnen glücklicherweise seine Rettung, so dass Besucher auch heute noch darin ihrer Kauflust frönen können.

Adresse 455 George Street, Sydney, NSW 2000 | ÖPNV Straßenbahnen L2 und L3 sowie Busse 100, 120, 311, 437, 441 und 442, Haltestelle QVB | Anfahrt hochpreisiges Parken etwa im QVC Car Park, Einfahrt 111 York Street | Öffnungszeiten Mo–Sa 9–18 Uhr, So 11–17 Uhr | Tipp Um in weitere Geheimnisse des Gebäudes eingeweiht zu werden, besuche man eine der QVB History Tours, die donnerstags und samstags für Erwachsene stattfinden. Kosten 25 AUD, Anmeldung über qvb.info@vicinity.com.au.

84 Das Raoul-Wallenberg-Mahnmal

Einem verschwundenen Retter

Auf der wild bewachsenen Verkehrsinsel in Sydneys schickem Stadtteil Woollahra ist das Mahnmal auf den ersten Blick kaum zu erkennen, da es voller Algen ist. Es gedenkt eines Menschen, dessen Mut, Toleranz und moralisches Verantwortungsgefühl so groß waren, dass er dafür mit dem eigenen Leben zu zahlen bereit war.

Dem schwedischen Diplomaten Raoul Wallenberg wird die Rettung einer Vielzahl ungarischer Juden während des Zweiten Weltkriegs zugeschrieben. Wallenberg organisierte nicht nur ärztliche Betreuung und Lebensmittel für die Bewohner des Budapester Gettos, sondern erfand kurzerhand sogenannte »schwedische Schutzpässe« gegen den Terror der Nationalsozialisten und brachte Menschen in Schutzhäusern unter. In der Schlussphase des Zweiten Weltkriegs gelang es ihm, mehrere tausend Juden vor dem Holocaust zu bewahren. Viele seiner Schützlinge wurden nach dem Krieg von Australien aufgenommen und ein wichtiger Teil der neuen Gesellschaft. 2013 wurde er daher post mortem mit der ersten jemals verliehenen australischen Ehrenbürgerschaft ausgezeichnet.

Das von der Künstlerin Anna Cohn ausgeführte Mahnmal entstand schon 1985. Auftraggeber war das »Free Wallenberg Committee of Sydney«, das damit auf das nie geklärte Schicksal des schwedischen Diplomaten aufmerksam machen wollte. Denn Wallenberg selbst wurde nach der Eroberung von Budapest durch die Rote Armee nach Moskau verschleppt. Dass er einer Industriellenfamilie entstammte, machte ihn in den Augen der neuen Machthaber verdächtig. Jahrzehntelange Versuche seiner Freunde und Weggefährten, ihn ausfindig zu machen und zu befreien, scheiterten an der Geheimhaltungspolitik Russlands. Noch in den 1980er Jahren wollen ihn Zeugen in sibirischen Lagern gehen haben. Was genau mit dem »Engel von Budapest« geschah, wird man vielleicht niemals erfahren. Das Andenken an ihn bleibt.

Adresse 200 Queen Street, Woollahra, NSW 2025 | **ÖPNV** Busse 200 und 328, Haltestelle Queen St at Edgecliff Rd | **Anfahrt** kostenloses Kurzparken am Straßenrand | **Öffnungszeiten** immer zugänglich | **Tipp** Die nahe Emanuel Synagoge (7 Ocean Street) ist mit 3.500 Mitgliedern die größte jüdische Gemeinde Australiens. Im Kreise ihrer liberalen Gemeinschaft fand 2018 Australiens erste religiöse gleichgeschlechtliche Eheschließung statt. Gottesdienste, Meditationen und Kurse stehen allen Interessenten offen (Infos und Anmeldung über www.emanuel.org.au).

85_Reverse Garbage

Resteverwertung seit 1975

Als der »Hipster-Vorort« und »zehntcoolste Stadtteil der Welt« ist Marrickville in Sydneys Südwesten in die internationalen Reiseführer eingegangen. Tatsächlich ist das mit über 27.000 Einwohnern recht große Viertel zunehmend Lebens- und Schaffensort vieler selbstbewusster Millennials. Die umweltbewussten Bohemiens ernähren sich wahlweise vegetarisch, vegan oder wenigstens zuckerfrei, kommen äußerlich aber weitaus schicker daher als ihre Ökovorbilder aus den 70ern.

Wie Marrickvilles Umweltbewegung vor der Gentrifizierung ausgesehen haben mag, lässt sich auf dem ehemaligen Militärbarackengelände in der Addison Road begutachten. Die hier seit 1913 in Wellblechhütten untergebrachten Soldaten und Armeepferde wurden 1976 ausquartiert. Es entstanden kleine Kulturzentren, unter anderem für türkische, indonesische, griechische und portugiesische Einwanderer, die zum Teil bis heute bestehen. Vor allem aber zog in eine der größeren Hallen der von örtlichen Lehrern gegründete Verein »Reverse Garbage«. Er widmet sich seit nunmehr fast 50 Jahren der Wiederverwertung vermeintlichen Mülls. Reverse Garbage nimmt jedes Jahr bis zu 35.000 Kubikmeter an Gegenständen von Unternehmen und Privatpersonen entgegen, die sonst auf Deponien landen würden. Das entspricht etwa 100 Fußballfeldern an Industrieabfällen, Überproduktionen, Kunst- und Bastelmaterialien, Bühnenrequisiten, Nippes und Krimskrams, die in der Halle preiswert verkauft werden. Das können schon mal für je zwei Dollar Kaffeebohnensäcke aus aller Welt, eine Tüte mit Knöpfen, eine Kiste voller bunter Papier- und Pappreste oder mit Namen bestickte Taufkissen sein. Die mit allen nur möglichen Materialien chaotisch vollgestopfte Halle gilt nicht umsonst als Geheimtipp bei Architekten, Designern und Künstlern. Wer nach Möbeln sucht, wird bei Bower Reuse & Repair auf demselben Gelände fündig.

Adresse 142 Addison Road, Marrickville, NSW 2204, info@reversegarbage.org.au, www.reversegarbage.org.au und www.bower.org.au | **ÖPNV** Bus 428, Haltestelle Addison Rd opp Addison Rd Community Centre | **Anfahrt** Parken (wochenends gegen kleine Gebühr) auf dem Gelände | **Öffnungszeiten** Mo–Sa 9–17 Uhr, So 9–16 Uhr | **Tipp** Immer sonntags findet bis 15 Uhr ein quietschbunter Biomarkt auf dem Gelände statt, auf dem es auch zahlreiche Essens-, Buch- und Kleidungsstände und viele andere Händler zu entdecken gibt (www.organicfoodmarkets.com.au).

86 Das Rise Memorial

Mahnmal gegen den Hass

Sydney gilt als tolerant gegenüber der LGBT-Bewegung. Bei einer Bürgerbefragung 2017 sprachen sich über 83 Prozent der Städter für die gleichgeschlechtliche Ehe aus, die dann in Australien eingeführt wurde. Das war nicht immer so. Während einer Welle homophober Gewalt in den 1970er bis 1990er Jahren gab es fast 90 Mordfälle an homosexuellen Männern. Über 20 dieser sogenannten »Gay Gang Murders«, begangen von lokalen Teenagergruppen, sind bis heute ungelöst, auch wegen unzureichender Untersuchungen damaliger Polizeibehörden. Erst in den vergangenen Jahren ist wieder Bewegung in die Fälle gekommen.

So wie im Fall des amerikanischen Mathematikers Scott Johnson. 30 Jahre lang wollte dessen Bruder Steve sich keinesfalls mit der Selbsttötungstheorie der Polizei zur Erklärung des Todes des 1988 zu Füßen des North Head nackt aufgefundenen Doktoranden abfinden. Unermüdlich kämpfte Steve für die Wahrheit, bis auch ein Gericht im Jahr 2017 endlich zu der Feststellung gelangte, Scott sei Opfer eines Hassverbrechens geworden und von der Klippe gestoßen worden. 2018 schließlich wurde eine Belohnung von einer Million australischer Dollar für Informationen zur Aufklärung des Verbrechens ausgesetzt. Steve, mittlerweile mit einem Techunternehmen in den USA erfolgreich, erhöhte um eine weitere Million. Und siehe da: Plötzlich plauderten alte Weggefährten eines 2021 schließlich als Mörder verurteilten Mannes aus, was Steve immer gewusst hatte.

Das Schicksal des Fernsehmoderators Ross Warren, 24 Jahre jung, homosexuell und am Anfang seiner Karriere, ist bis heute nicht geklärt. Er verschwand nach einer Ausgehnacht an den Klippen von Tamarama. Besorgte Freunde fanden Tage später nur noch seine Autoschlüssel am Fuß des Abgrunds. Ross selber wurde nie wieder gefunden. Oberhalb des Felsens steht nun ein Denkmal und listet die Namen der Opfer aller Verbrechen auf.

Adresse Marks Park, Fletcher Street, Tamarama, NSW 2026 | ÖPNV Bus 362, Haltestelle Sandridge St at Fletcher St | Anfahrt zweistündiges kostenfreies Parken in der Fletcher Street | Öffnungszeiten immer zugänglich | Tipp Der nahe Tamarama Beach wird wegen seiner vielen schönen Besucher auch »Glamarama« genannt. Doch er gilt wegen seiner Strömungen als einer der gefährlichsten in New South Wales. Mehr als 100 Schwimmer müssen hier jährlich gerettet werden.

87_The Rocks

Zarte Pflanzen zwischen viel Tamtam

In The Rocks tobt das Leben. Hier, wo die neuzeitliche Besiedlung Australiens einst begann, locken neben einigen der ältesten historischen Gebäuden der Stadt überfüllte Cafés und Pubs und mit Taschendieben durchseuchte Touristenmärkte. Man tut gut daran, das laute Viertel an Wochenenden zu meiden.

Ein leiser Star von The Rocks allerdings wird von kaum jemandem wahrgenommen. Es ist eine zarte Erscheinung, die auf den schönen Namen *Gemeiner Jungfernhaarfarn* oder *Adiantum aethiopicum* hört. Bei einem Spaziergang durch die Seitenstraßen von The Rocks wird schnell klar, dass der liebliche, schmiegsame Farn sich wirklich überall angesiedelt hat. Keine Stufe, keine Mauer, an der er sich nicht wie der Überlebende eines Schiffsunglücks festkrallt. Tatsächlich ist er genau das, ein Bote aus einer anderen Zeit, als The Rocks noch ein immenser Sandsteinfelsen in einer einsamen pazifischen Bucht war und nur gelegentlich die bloßen Füße eines jagenden Ureinwohners des Stammes der Gadigal das jungfräuliche Farnenhaar streiften. Oder als wiederum einige Jahrtausende später englische Sträflinge auf dem Felsen siedelten und verzweifelt große Brocken Baumaterial für erste feste Behausungen heraus- und Wege in ihn hineinschlugen. »The Sydney Mail« schrieb 1888 gehässig: »Wenn die gesamte Kolonie die gleiche Temperatur hätte wie die Nachbarschaft von Sydney, wäre das Land wohl gerade gut genug für den Anbau von Farnen.«

Trotz der immensen Veränderungen seines Lebensraumes in den vergangenen drei Jahrhunderten sind *Adiantum aethiopicum* und seine Verwandten der Gegend treu geblieben und wuchern unbemerkt in Innenhöfen und Dachrinnen, an Abflussdeckeln und in Rinnsteinen. Bei jedem Windstoß verteilen sich ihre Sporen in der Luft, auf der Suche nach einem neuen Wohnort auf dem großen warmen Sandstein, den die Aborigines einst »Tallawoladah« nannten.

Adresse Sydney/The Rocks, NSW 2000 | ÖPNV Straßenbahn L2, Haltestelle Circular Quay; alle S-Bahnen mit Haltestelle Circular Quay; alle Fähren mit Haltestelle Circular Quay; Busse 293, 343, 392, 412, Haltestelle Bridge St | Anfahrt kostenpflichtige Parkplätze in Harrington, Cumberland, Argyle, Essex und Gloucester Street | Tipp Das nahe The Rocks Discovery Museum informiert im Detail über die Besiedlung des Landstrichs und die Geschichte der Ureinwohner (täglich 10–17 Uhr, Kendall Lane, The Rocks, NSW 2000).

88 Der Royal Botanical Garden

Bei den Mittagssportlern im Business District

Dass man sich um zwölf Uhr mittags bei wolkenlosem Himmel und 40 Grad besser in den Schatten verzieht, statt im Netzhemd durch Parks zu laufen, ist in den Köpfen der Mittagssportler des Central Business Districts nicht angekommen. Puterrot gebrannt drängeln sie sich am Eingang zum großen ehrwürdigen Royal Botanical Garden, um kurz vor dem Hitzschlag noch ein zusätzliches Ründchen vor den Augen der jungen Asiatinnen mit Sonnenschirmen zu drehen. Zwischendurch wird atemlos ein Plausch mit dem Arbeitskollegen gehalten, dem sich schon die Haut von der Nase löst. Auch wenn Australier sonst sorgsam mit den Gefahren der UV-Strahlung umgehen und ihre Kinder oft nur von oben bis unten eingepackt am Strand spielen lassen, gilt diese Regel wohl nicht beim Mittagssport. Offenbar ist es dem hiesigen Büroangestellten ein echter Graus, seine Zeit im Großraumbüro zu verbringen. Allmittäglich übt er den Befreiungsschlag in Form einer sehenswerten Joggingattacke, die viel über die Sport- und Outdoorliebe der Australier aussagt.

Sehenswert ist freilich auch der 30 Hektar große Garten selbst. Der 1816 als Lustgarten des Governors gegründete Park beheimatete den Stamm der Gadigal, die von hier aus der Landung der Ersten Flotte zusahen. Nach drei Monaten auf See und einem ersten erfolglosen Stopp in der Botany Bay fuhren die elf britischen Schiffe unter Kapitän Arthur Phillip mit rund 1.500 Mann Besatzung am 26. Januar 1788 in den natürlichen Hafen von Sydney ein. Die Gadigal nannten die Neuankömmlinge Bèerewalgal, übersetzt »Menschen aus den Wolken«, und spielten damit wohl auf deren weiße Haut an. Heute täten einige der Nachfahren der bleichen Eroberer gut daran, sich an diesen Spitznamen zu erinnern und ihre Anstrengungen aus gesundheitlichen Gründen in die Morgenstunden des Tages zu verlegen. Australien hat eine der höchsten Hautkrebsraten der Welt.

Adresse Mrs Macquaries Road, Sydney, NSW 2000 | **ÖPNV** diverse Fähren, Haltestelle Circular Quay für den nördlichsten Eingang, Bus 441, Haltestelle Art Gallery Rd opp Art Gallery of NSW für den südlichsten Eingang | **Anfahrt** kostenpflichtiges Parken auf der Macquarie Street | **Öffnungszeiten** täglich 7–20 Uhr, Eintritt frei | **Tipp** »Water bubbler«, also öffentliche Trinkwasserspender, sind dankenswerterweise allgegenwärtig in Sydney. Der mit Abstand spektakulärste ist der monumentale, 1889 im Botanischen Garten errichtete Lewis Wolfe Levy Fountain (Ausgang Art Gallery Road).

89 Der Royal Randwick Racecourse

Im Galopp für die Massen

An diesem Ort geht es um weit mehr als sprintende Pferde. Am Rande des Royal Randwick Racecourse trifft sich das echte Sydney seit 1833. Es wird gewettet, gewettert und vor allem viel getrunken. Wer Australiens Gesellschaft außerhalb der nicht weit entfernten Luxusgegenden von Double Bay und Vaucluse kennenlernen möchte, ist hier richtig. Und kann daneben alles auf ein Pferd setzen. Etwa 40 Rennen finden in Randwick jährlich statt, unter anderem das mit zehn Millionen US-Dollar höchstdotierte Turfrennen der Welt, genannt »The Everest«.

Verrückter als in Sydney geht es in Sachen Pferderennen nur in Melbourne zu, wo der erste Dienstag im November zur Feier des Melbourne Cup seit 1877 ein gesetzlicher Feiertag ist. Auch der Rest Australiens steht an diesem Tag still beziehungsweise wankt aufgehübscht und angeheitert durch die Straßen. Die sich sonst gerne rundum in Sportkleidung präsentierende Gesellschaft wird dann zur Anzug und Stiletto tragenden Partyrunde mit exzentrischen Kopfbedeckungen.

Nirgendwo auf der Welt gibt es so viele Rennbahnen wie in Australien. Vier sind es in Sydney, 360 im ganzen Land, deren Rennen dem australischen Bruttosozialprodukt jährlich weit über eine Billion australische Dollar einspielen. Eine andere Wahrheit kennen die Tierschutzorganisationen, die von bis zu 10.000 geschlachteten, weil verletzten oder unrentablen Pferden pro Jahr ausgehen. Lautete der Name der Rennstrecke in Randwick wegen ihrer Beschaffenheit lange »Sandy Course«, so leuchtet diese heutzutage in gepflegtestem Grün. Zwei Päpste hielten hier schon Messen für die Massen, zuletzt Papst Johannes Paul II. im Jahr 1995, als er die Heiligsprechung von Mary McKillop vorbereitete, Australiens einziger Heiligen. Anderen hohen Besuch hatte die Rennstrecke von Queen Elisabeth II. Sie eröffnete 1992 ein neues Gebäude und genehmigte der Strecke den Zusatz »Royal«.

Adresse Royal Randwick Racecourse, Ascot Street, Randwick, NSW 2031 | **ÖPNV** Tram L2 und LX, Haltestelle Kensington oder Busse 373 und 374, Haltestelle Alison Rd opp Royal Randwick Racecourse | **Anfahrt** begrenzte Parkplätze auf dem Gelände, Einfahrt High Street | **Öffnungszeiten** variieren je nach Rennen, siehe www.australianturfclub.com.au | **Tipp** Die aufwendigsten Kopfbedeckungen für den Renntag gibt es bei Putzmacher Neil Grigg, dessen Kreationen auch die australienstämmige Kronprinzessin Mary von Dänemark trägt (40 William Street, Paddington, NSW 2021, www.neilgriggmillinery.com).

90_Ryo's Noodles

Beim Schweinesuppenkönig

Einen abweisenderen Standort für sein Restaurant hätte sich Ryosuke Horii wohl kaum aussuchen können. Doch obwohl der Verkehr der stark befahrenen Falcon Street nur so tost und der Abgasgestank ihnen die Lust aufs Essen eigentlich verleiden sollte, stehen sich auf dem schmalen Bürgersteig vor Ryo's Noodles die wartenden Gäste jeden Tag aufs Neue die Füße in den Bauch. Denn Ryo, wie er sich selber nennt, ist ein Meister der Ramen.

Die einfache Suppe mit Nudeln und Beilage gehört zu den Hauptgerichten japanischer Gastronomie. Allein für Tokio schätzt man die Zahl auf 5.000 Ramenlokale. Der Stadtteil Crows Nest hat mit zweieinhalb Prozent den höchsten prozentualen Anteil an in Japan geborenen Sydneysidern. Als Ryo in den 1990er Jahren von seiner Heimat, der südwestlichen japanischen Insel Kyūshū, nach Australien kam, startete er zunächst mit einem kleinen Restaurant in Kings Cross und bot Speisen in Asian-Fusion-Manier an. Die Idee, Tonkotsu, eine Ramensuppe aus gekochten Schweineknochen und zugleich die Spezialität seiner Heimatstadt Fukuoka, anzubieten, kam ihm erst später und bedeutete seinen Durchbruch. Denn wer sich die Borstenviehsuppe nur als stinkige Brühe vorstellt, liegt falsch. Nach mindestens 17 Stunden Kochzeit erweist sie sich als zart daherkommende Bouillon, in die sich die Geschmäcker der hinzugefügten Nudeln, Gemüse, Bratenscheibchen, Eier und Sesamkörner perfekt einfügen.

Wem die Schlange vor Ryo's kleinem Restaurant zu lang ist, läuft die Straße Richtung Westen weiter und trifft auf viele ebenfalls ausgezeichnete japanische Restaurants, wie Ramen Kaio, der für schmelzigen Schweinebauch berühmt ist (98 Falcon Street), Kagoshima Master (18A Falcon Street), dessen Wagyu-Rind von der eigenen Farm aus Japan stammt, oder Yakitori Yurippi (7 Falcon Street), das auf gegrillte Fisch-, Fleisch- und Gemüsespießchen spezialisiert ist.

Adresse 125 Falcon Street, Crows Nest, NSW 2065 | **ÖPNV** Busse 114 und 144, Haltestelle North Sydney Boys High School, Falcon St | **Anfahrt** kostenpflichtiges Parken in den Seitenstraßen | **Öffnungszeiten** täglich 11.40–14 und 17–20.30 Uhr | **Tipp** Wer sich selbst an der langwierigen Ramenherstellung versuchen möchte, findet alle Zutaten bei einem nahen anderen Japaner namens Ryo. Ryoichi Umeki betreibt Sydneys bestsortierten japanischen Supermarkt Umeya (34–48 Alexander Street, Crows Nest, NSW 2065).

91 The Sirius Apartment Block

Brutale Schönheit in Luxuslage

An diesem Klotz scheiden sich die Geister. Und das schon recht lange. Die einen sehen im 1980 vom niederländischen Architekten Tao Gofers im Stil des Brutalismus fertiggestellten Apartmenthaus The Sirius einen Schandfleck für die Stadt, für die anderen ist es das notwendige Mahnmal gegen die überall aus dem Boden sprießende, verwässert modernistische Architektur Sydneys.

Die staatliche Sozialwohnungsbaugesellschaft Housing Commission of New South Wales hatte das Gebäude mit 79 Apartments vor über 40 Jahren in Auftrag gegeben, um die zuvor aus den einfachen Häusern von The Rocks vertriebenen öffentlichen Mieter nach einer umstrittenen Sanierung des Viertels wieder aufnehmen zu können. 2015 erfolgte für die überwiegend einkommensschwachen Mieter und ihre Nachkommen der nächste Rauswurf. Das Gebäude sei nicht rentabel und altersschwach, lautete die offizielle Erklärung für den abschließenden Schritt in Richtung Gentrifizierung des Touristenviertels The Rocks. Es drohte der Abriss.

Mit der Initiative »Save Our Sirius« begehrten die bis heute von der Lebensqualität ihrer einstigen Heimat begeisterten Bewohner auf. Das Deutsche Architekturmuseum in Frankfurt nahm The Sirius als eines der weltweit bedrohtesten Bauwerke des Brutalismus in seine Datenbank #SOSBrutalismus auf, das NSW Australian Institute of Architects verlieh dem Gebäude 2018 den Enduring Architecture Award. Unter Denkmalschutz hat die Regierung es dennoch nicht gestellt, trotz des Protestes weltweit renommierter Architekten und entsprechenden Rats des Landesdenkmalschutzamtes. Immerhin wurde der Abriss des Gebäudes verhindert. Nun hat eine vietnamesische Luxusinvestorengruppe The Sirius umgestaltet, nachdem zuvor 150 Millionen Australische Dollar über den Tisch gingen. Der Krimi um das prominent gelegene Gebäude geht in die nächste Runde.

Adresse 48 Cumberland Street, The Rocks, NSW 2000; den besten Blick auf The Sirius hat man von der Harbour Bridge aus; Zugang zur Rückseite über die historischen Argyl Stairs und den Gloucester Walk | **ÖPNV** nächstgelegene Haltestellen sind die Circular Quay Railway Station und der Circular-Quay-Fähranleger | **Anfahrt** kostenpflichtiges Parken in der Argyl Street | **Tipp** Die einstige Enge australischen Siedlerlebens lässt sich im versteckt liegenden Foundation Park (Gloucester Walk, The Rocks, NSW 2000) unterhalb des Hochhauses nachvollziehen, in dem Besucher durch die möblierten Ruinen von acht ehemaligen Reihenhäusern aus dem 19. Jahrhundert spazieren können.

92 Die Speakers' Corner

Freie Rede bis zum Abwinken

Vorbei die guten alten Zeiten, in denen Hunderte auf der grünen Wiese saßen, um etwa einer Rede zum Für und Wider des Vietnamkriegs zu lauschen. Heute halten an der Speakers' Corner in der Grünanlage The Domain gleich gegenüber der Art Gallery höchstens ein paar verirrte Spaziergänger an. Dabei hat der Ort, an dem wirklich jeder anderen seine Meinung geigen darf, eine lange Geschichte.

Ein baptistischer Pastor namens Daniel Allen begann hier 1878 damit, seine Ideen vorzutragen. Der »rasende Reporter« Egon Erwin Kisch sprach 1935 vor der Menge und warnte vor dem Nationalsozialismus. Diejenigen, die heute auf dem wackeligen Leiterchen stehen, sind meist Herren fortgeschrittenen Jahrganges und seit Jahrzehnten mit dabei. Sie sehen sich als Bewahrer einer Tradition und nicht zuletzt einer Kunstform. So wie Helmut Cerncic, der als junger Mann Arnold Schwarzenegger beim Gewichtheben schlug und dessen Spezialthemen Metaphysik und Sport sind, oder Steve Maxwell, der jede Woche in einer anderen Kostümierung zu Politik und Geschichte referiert. Mirko, den Außerirdische zu einer neuen, international verständlichen Sprache inspirierten, lebt leider nicht mehr.

Beifall muss man hier nicht klatschen. Die Sprecher scheinen sich eher über gegenteilige Meinungsäußerungen zu freuen. Dann ist die Wiese nichts für politisch Korrekte, und es fliegen bisweilen die verbalen Fetzen. Sehr unaustralisch ist das, denn dass man mit seiner eigenen Meinung bitte möglichst immer höflich hinterm Berg halten sollte, lernen Australier schon in der Schule. Die nach außen rauen, innerlich gar nicht so unsensiblen Typen der Speakers' Corner gehören zum aussterbenden Typ des *larrikin*, einer Art jugendlicher Rowdy des 19. Jahrhunderts, der dem Strafgefangenen-Erbe folgend ohne Rücksicht auf soziale oder politische Konventionen handelte und schelmisch einfach machte, wonach ihm der Kopf stand.

Adresse The Domain, Art Gallery Road, Sydney, NSW 2000 (gleich gegenüber der Art Gallery) | **ÖPNV** Bus 441, Haltestelle Art Gallery of NSW | **Anfahrt** wenige kostenpflichtige Parkplätze vor der Art Gallery | **Öffnungszeiten** Vorträge jeden Sonntag 14–17 Uhr | **Tipp** Die spannende Sammlung der 1897 gegründeten Art Gallery of NSW umfasst zeitgenössische, moderne und indigene Kunst. Der Eintritt zu allen Dauerausstellungen ist frei.

93__Die Staple Bakery

Sauerteig für ein Leben

Alles begann mit einem kaputten Organ. Als der Werbemann James Partington 2012 ein Stechen in der Brust fühlte, dachte er zunächst nicht, er könne ernsthaft erkrankt sein. Doch der Arzt belehrte ihn eines Besseren, und nur wenige Tage später wurde der dreifache Vater am offenen Herzen operiert. Nach dem Eingriff seien zur Mobilisierung des versehrten Brustkorbes Knetbewegungen zu empfehlen, riet der Physiotherapeut dem frisch Operierten. Der nahm dies beim Wort und begann, Teig herzustellen und warme Laibe zu backen. Natürlich nur der Knetbewegungen wegen.

Allerdings schmeckte das Brot Freunden und Bekannten derartig gut, dass James bald vor der Entscheidung stand, den Werbejob an den Nagel zu hängen und Bäcker zu werden. Mit dem Gedanken, dem Tod noch einmal von der Schippe gesprungen zu sein, wagte James den Sprung ins kalte Wasser, erstand einen Holzofen, mietete einen kleinen Laden und eröffnete seine Bäckerei. Vor der steht heute halb Sydney Schlange, denn James' Brot ist von der altehrwürdigen Royal Agricultural Society of New South Wales zu Recht zum besten Sauerteigbrot der Stadt gekürt worden. Das Geheimnis seiner Laibe besteht in der besonderen Kombination aus langer Fermentation, natürlicher Hefe und dem in der eigenen amerikanischen Steinmühle gemahlenen Vollkornmehl. Daneben verkauft er himmlisch gute Croissants und, wenn er gerade Lust dazu hat, auch einen Kuchen und Kaffee.

Mit Kängurugras-Samen, einem altem Versorgungsmittel der Aborigines, hat James auf Hinweis des Professors für indigene Landwirtschaft der Uni Melbourne, Bruce Pascoe, übrigens auch schon gebacken. Bisher liegen die Erträge bei der Ernte des dünnen Grases aber in Bereichen, die eine Produktion für den Verkauf niemals zulassen würden. Doch James hat schon wieder neue Ideen und einen kleinen Pop-up-Store am Manly Beach eröffnet. Dort stehen nun die Surfer Schlange.

Adresse 1/20–28 Montauban Avenue, Seaforth, NSW 2092 | **ÖPNV** Bus 141, Haltestelle Clontarf St opp Callicoma Rd | **Anfahrt** kostenfreies Parken vor der Bäckerei | **Öffnungszeiten** Do–So 7–14 Uhr | **Tipp** Seit 1822 kürt die Royal Agricultural Society of NSW einmal jährlich auf der Royal Easter Show Sydney die besten Produkte, Talente und Züchtungen des Landes. Wer dann gerade in der Stadt ist, sollte sich das mehrtägige Spektakel aus Tieren, Menschen und Sensationen nicht entgehen lassen (www.rasnsw.com.au).

94_Die State Library

Dawes Notizbuch und andere Schätze

Es begann alles mit der Sehnsucht nach Lesestoff. Die älteste Bibliothek Australiens startete 1826 als kleine Abonnementbücherei. Da es mehrere Monate dauerte, bis Sendungen aus Europa auf dem Seeweg in Sydney ankamen, und es zudem noch keine Universität gab, plagte viele Kolonialisten die Bücherknappheit. Einige elitäre Herren, Damen waren damals noch nicht zugelassen, warfen also ihre mehr oder weniger wertvollen Schriften zusammen und gründeten eine Art Leseclub.

Rund 40 Jahre später erwarb die Regierung die bis dahin erfreulich erweiterte Kollektion und schuf aus deren Grundstock eine öffentliche Bibliothek. Dem bibliophilen Sammler David Scott Mitchell (1836–1907) schließlich ist es zu verdanken, dass das Ganze ein vernünftiges Gebäude erhielt. Seine Schenkung 40.000 teilweise rarster Bände knüpfte er an die Bedingung, man möge den geliebten Schriften einen Palast erbauen. Gesagt, getan, an der Ecke Macquarie Street und Shakespeare Place entstand bis 1910 ein schickes Gebäude, noch ein wenig später wandelte man es zum neudorischen Tempel um. Auch wenn mittlerweile viele Wege in ihr Inneres führen, die State Library darf man eigentlich nur über genau diesen opulenten Haupteingang betreten. Auch im Inneren setzt sich die Hochachtung vor Geist und Wissen mit Marmormosaiken und einem lichtkuppelbekrönten Lesesaal fort, in dem locker mehrere Einfamilienhäuser Platz hätten.

Hier wuseln gesittet Hunderte junger Studenten umher, die die schöne Halle und vor allem das im Untergeschoss befindliche Café wohl auch ein bisschen als Flirtschule betrachten. Aber auch der papierne Inhalt der Bibliothek kann sich sehen lassen. Über die Notizen des Astronomen William Dawes, denen man bis heute die raren Kenntnisse zur verlorenen Sprache der Ureinwohner der Bucht verdankt, bis hin zu der umfangreichen pazifischen Kartensammlung sind hier jede Menge Entdeckungen zu machen.

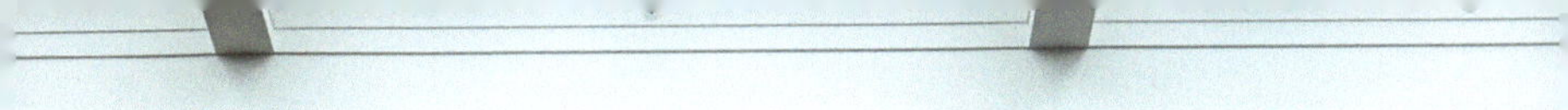

Adresse 1 Shakespeare Place, Sydney, NSW 2000 | **ÖPNV** Bus 200, Haltestelle Martin Place Station, Macquarie St, Stand B, weitere Fähren, Busse und Bahnen am zentralen Verkehrsknotenpunkt Circular Quay | **Anfahrt** kostenpflichtiges Parken auf der Macquarie Street | **Öffnungszeiten** Mo–Fr 9–17 Uhr, Sa, So 10–17 Uhr | **Tipp** Ein weiterer Wohltäter schenkte der Bibliothek 1919 seine umfangreiche Sammlung historischer Gemälde und Australiana. Der Sir-William-Dixson-Flügel an der Südseite der Bibliothek beherbergt diese beeindruckende, wahre Zeitreise durch die Kolonie (Mo–Fr 9–17 Uhr, Sa, So 10–17 Uhr, kostenlos zugänglich).

95__Der Stony Range Botanic Garden

Abenteuerlicher Urwald in der Stadt

Wer sich vom Besuch eines botanischen Gartens den Blick auf neueste Rosenzüchtungen verspricht, ist hier falsch. Stony Range ist allein der lokalen Flora und Fauna gewidmet und eine ziemlich wilde Angelegenheit. Er umfasst drei Hektar und ist ein seit den 1950er Jahren von Anwohnern zum Park umgewandelter ehemaliger Steinbruch mit verschiedenen Mikroklimas und einem Wasserlauf. Besonders lohnenswert ist der Besuch zur Blütezeit im Frühling.

Australische Wildblumen sind zart und unaufdringlich. Man muss geradezu nach ihnen suchen. Dann aber entfalten sie ihre knallige Farbigkeit und manchmal auch betörenden Düfte. Die vielen klitzekleinen Wildbienenarten Australiens finden sicherlich ihren Weg dorthin. In der kleinen angeschlossenen Gärtnerei verkaufen die freiwilligen Gartenhelfer unregelmäßig Schösslinge einheimischer Pflanzen, selber eingekochte Bush-Food-Marmeladen oder Körbe aus Palmblättern. Ein Tast- und Fühlgarten gibt Auskunft über die vielfaltigen Nutzungsmöglichkeiten australischer Pflanzen. Bei Regen bilden sich im Garten Wasserkaskaden, die gelegentlich auch die Wege überfluten und einem das Gefühl geben, man sei mitten im tropischen Urwald.

Wer wissen möchte, welcher Vogel ihm beim Picknick auf einer der vielen im Garten verstreuten Bänke soeben das Sandwich aus der Hand gestohlen hat, geht zum Bird Wheel, an dem sich acht Flugtiere anhand ihrer jeweiligen Laute und ihres Aussehens identifizieren lassen. Im Zweifel war es sowieso immer Australiens Nationalvogel. Der Kookaburra, bei uns Lachender Hans genannt, ist einer der klügsten und wohl auch einer der frechsten Vögel des Kontinents. Den Aborigines galt das zum Sonnenaufgang und Sonnenuntergang laut rufende Tier als Mittler zwischen Leben und Tod. Spätestens wenn sein gellender, lachender Schrei ertönt, wird es Zeit, nach Hause zu gehen.

Adresse 810 Pittwater Road, Dee Why, NSW 2099 | ÖPNV Busse 178, 179, 180 und 199, Haltestelle Pittwater Rd at May Rd | Anfahrt kostenfreier Parkplatz vor dem Eingang (Zufahrt nur von Norden aus) | Öffnungszeiten täglich 8–20 Uhr | Tipp Der Stadtteil Dee Why beherbergt die größte tibetische Gemeinschaft Australiens. Buttertee und andere originale Speisen serviert das nahe Restaurant Wild Yak von Tsering Wangchuk (860A Pittwater Road, Dee Why, NSW 2099).

96 Der St Thomas' Rest Park

Erinnerung an einen Goldgräber

Ruhe in Frieden geht anders. Während seitlich der Pacific Motorway unerbittlich tost, üben Tausende Zikaden in den Baumwipfeln den Aufstand und versuchen, dem Motorenlärm mit ihrem ohrenbetäubenden Zirpen entgegenzuwirken. Doch die vielen, für australische Verhältnisse uralten Sandsteinmale unter den intensiv duftenden Bäumen des Zitroneneukalyptus verleihen diesem Ort dennoch eine Würde, nach der man im dicht besiedelten Stadtteil Crows Nest sonst lange suchen muss.

Der St Thomas' Rest Park ist ein ehemaliger Friedhof, der in den 1970er Jahren zum Park für die Allgemeinheit umfunktioniert wurde, Hunde inklusive. Hier sind einige bedeutende Personen aus der australischen Siedlungsgeschichte begraben, über die das kleine örtliche Sexton's Cottage Museum informiert. Eine der interessantesten war der Deutsche Bernhardt Holtermann, der mit 20 Jahren von Hamburg aus nach Australien aufbrach, um dort sein Glück zu suchen – und zu finden! Denn was aus Holtermanns Goldmine 1872 im mit dem Auto heute rund vier Stunden von Sydney entfernten Goldgräberdorf Hill End das Licht der Welt erblickte, war der größte zusammenhängende Goldfund in der Geschichte Australiens. Obwohl selbst nicht der eigentliche Finder, ließ Holtermann sich geistesgegenwärtig mit dem Brocken fotografieren, der fortan »Holtermann-Nugget« hieß. Die Zerschlagung des glänzenden Ungetüms ergab 3.000 Unzen Gold, die unter den Anteilseignern der Mine aufgeteilt wurden.

Holtermann blieb das Glück beschieden, ob als Hotelier, Geschäftsmann, Fotograf, Arzneimittelhersteller oder Politiker. Zurück in Sydney ließ er sich auf den Höhen von St Leonards einen Palast bauen, der mit einem 27 Meter hohen Turm ausgestattet war. Seine von dort aufgenommenen Panoramafotografien von Sydney stellte er in der ganzen westlichen Welt aus, bis er 1885 im Alter von nur 47 Jahren starb.

Adresse West Street, Crows Nest, NSW 2065 (das Grab befindet sich auf dem Gräberfeld neben der Pyramide) | ÖPNV Busse 263 und 267, Haltestelle West St at Huntington St | Anfahrt bis zu zwei Stunden kostenloses Parken in den anliegenden Straßen | Öffnungszeiten Park immer geöffnet, Museum im Park: Do 13–16 Uhr, Sa 14–16 Uhr | Tipp Das 1951 in einer Gartenlaube entdeckte, 3.500 Negative umfassende Fotoarchiv von Holtermann wird von der UNESCO als Weltkulturerbe gelistet und in der State Library of New South Wales in Sydney aufbewahrt. Digitaler Zugang unter: www.sl.nsw.gov.au/stories/holtermann-collection.

97_Der Tank Stream

Exklusiver Gang durch Sydneys Unterwelt

Für dieses Erlebnis muss man zunächst Glück im Spiel haben, werden die raren Eintrittskarten für die Tank Streams doch zweimal im Jahr via Lotterie verteilt. Damit ist die Besichtigung des unterirdischen Kanals eine der exklusivsten Unternehmungen der Stadt, selbst wenn man dabei Gummistiefel und Schutzhelm trägt und manchmal auch durch trübe Brühe watet. Aber näher kommt man den Ursprüngen Sydneys kaum. Denn wo oberirdisch Wolkenkratzer stehen und Büroangestellte Erholung im Hyde Park suchen, war einst dichtes Sumpfland, durch das ein schmaler Bach floss. Der war ausschlaggebend dafür, dass Sydneys erster Gouverneur Arthur Phillip 1788 genau diese Stelle für die Besiedlung auswählte. Denn der stets wasserführende, ins Meer fließende Bach sollte die Frischwasserversorgung der noch kleinen Kolonie garantieren und wurde bereits kurz nach der Ankunft eingefasst.

Was folgte, war der erste Umweltgau auf australischem Boden. Die Siedler erkannten nicht, dass das Abholzen der Banksien, Baumfarne, wilden Orchideen, Moose und Flechten dazu führte, dass das Wasser des Baches nicht mehr gefiltert wurde. Was die Lebensader der neuen Kolonie sein sollte, wurde so innerhalb von nur wenigen Jahren zu einem verdreckten Rinnsal. Bereits 1826 wurde der mittlerweile Tank Stream benannte, übel stinkende Strom nach einigen erfolglosen Wiederbelebungsmaßnahmen nicht mehr zur Wasserversorgung genutzt und unter die Erde verlegt.

Das damals entstandene Tunnelsystem gibt es bis heute, einige Teile des Baus datieren sogar auf 1789. Steinmetzzeichen und Einritzungen an den Wänden zeugen von der enormen Anstrengung der Sträflinge bei der Erschließung des Geländes. Der Bach selbst hat sich übrigens nie kleinkriegen lassen. Allen unterirdischen Parkplätzen und Kellern zum Trotz fließt er bei Regen bis heute unter der Stadt und träumt von besseren Zeiten.

Adresse Curtin Place, Sydney CBD, NSW 2000; Treffpunkt und Einstieg zur jeweiligen Tour werden vom Veranstalter im Vorhinein bekanntgegeben, Verlosung der Karten über www.sydneylivingmuseums.com.au | **Öffnungszeiten** zweimal jährlich, etwa April und Oktober, ganztägig à 45 Minuten, 35 AUD; Kindern unter zwölf, Schwangeren und Gehbehinderten ist der Eintritt nicht gestattet | **Tipp** Wer keine Karte ergattert, kann stattdessen in der multimedialen Ausstellung der nahen Hyde Park Barracks nachvollziehen, in welch rasender Geschwindigkeit sich das koloniale Leben am Rande des kleinen Baches entwickelte (Queens Square, Macquarie Street, Sydney, NSW 2000).

98 Der Third Quarantine Cemetery

Letzte Aussicht in erster Reihe

Wer hier liegt, ruht an einem der schönsten Fleckchen der Stadt. Links erhebt sich der imposante natürliche Eingang zur Hafeneinfahrt aus dem Meer, der funkelnde Ozean grüßt vis-à-vis, und am Horizont reflektieren die Scheiben der Skyline die Sonne. Nicht wenige wünschten, sie fielen sofort tot um, um diesen Ausblick für immer genießen zu können. Doch die Geschichte des Third Quarantine Cemetery im Nationalpark North Head in Manly ist eine zutiefst traurige. Für die hier Beerdigten erfüllte sich die Hoffnung auf ein Leben auf dem glorreichen Kontinent nie.

Unterhalb des Friedhofs liegt die teilweise als Hotel genutzte ehemalige Quarantänestation Sydneys. Insgesamt 13.000 Passagiere, die aus aller Herren Länder via Schiff aufbrachen, um ihr Glück in Australien zu suchen, mussten eine Zeit in der 60 Hektar großen Isolationszone verbringen, die schon 1832 von John Burke, dem damaligen Gouverneur von New South Wales, zum Quarantänegebiet erklärt worden war. 572 von ihnen setzten keinen Fuß auf das freie Land, sondern starben vor Ort an Pocken oder der Spanischen Grippe. Ein sehenswertes kleines Museum am Fähranleger Quarantine Wharf gibt Einblick in die Geschichte der Station, die erst 1984 schloss. Geistertouren, die manch ein Besucher vor lauter Grusel schon abbrechen musste, sind mit Details zu historischen Einzelschicksalen gespickt. Auf dem Friedhof wurden bis 1925 etwa 241 Tote beerdigt, darunter neben den an schweren Infektionen Verstorbenen auch 14 Opfer des Ersten Weltkriegs.

Heute stehen die zum Teil mit herzzerreißenden Inschriften versehenen Sandsteine pittoresk zwischen von Bienenschwärmen umsummten wilden Chrysanthemen und den hüfthohen Büschen der australischen Flanellblume mit ihren weichen weißen Blüten. Ein Idyll, das über die zerplatzten Träume der hier Liegenden hinwegtrösten kann.

Adresse 80 North Head Scenic Drive, Manly, NSW 2095 (alle Informationen zu Museum, Geistertouren und Unterbringung unter www.qstation.com.au oder Tel. +61/2/94661500) | **ÖPNV** Bus 161, Haltestelle North Head Scenic Dr opp North Head Sanctuary | **Anfahrt** vom North Head Scenic Drive kommend unmittelbar vor dem Bella Vista Café links in die alte Sandsteineinfahrt einbiegen, kostenpflichtige Parkplätze linker Hand; vom linken unteren Ende des Parkplatzes führt ein unbefestigter Weg zum Friedhof | **Öffnungszeiten** täglich 8.30–17 Uhr | **Tipp** Für die Lebenden gibt es einen atemberaubenden Ausblick auf die Bucht Sydneys, auch vom kleinen Bella Vista Café unterhalb des Friedhofs aus (203/33 North Head Scenic Drive, Manly, NSW 2095, www.bellavistamanly.com.au).

99 Der Udaya Supermarket

Indisches Einkaufsparadies

Das überbordende Angebot dieses größten indischen Supermarkts Australiens ist für Fremde absolut verwirrend – woher soll Otto Normalverbraucher denn auch wissen, worum es sich bei den Unmengen an duftenden Lebensmitteln und bunten Dingen, die hier zum Verkauf stehen, überhaupt handelt? Es lohnt sich, einen Mit-Shopper indischen Ursprungs einfach zu fragen. Und vorher aufzuklären: Nein, man hat sich nicht verlaufen, sondern möchte tatsächlich freiwillig hier einkaufen.

Mehr als ein Drittel der Bevölkerung des 27 Kilometer westlich vom Stadtinneren liegenden Viertels Wentworthville hat indische oder sri-lankische Wurzeln. Das Epizentrum des Diasporalebens dieser kulturellen Gemeinde liegt an der Station Street mit dem Udaya Supermarket als eine Art Herz mittendrin. Angelsächsische Australier oder Touristen verirren sich wirklich so gut wie nie hierher. Dabei gibt es kaum einen exotischeren Ort in Sydney. Meterlange Regalreihen voller Gewürzmischungen, gigantische Säcke mit Linsen oder Reis sowie Früchte und Gemüse, die man noch nie im Leben gesehen hat, laden zum stundenlangen Stöbern ein. Die vielen emsigen Gemüsesortiererinnen geben gerne Zubereitungshinweise für unbekannte Gewächse. An kleinen Streetfoodständen hinter dem Kassenbereich labt man sich an frisch hergestellten Zuckerrohrsaftmischungen, deftigem Linsengebäck oder Currygerichten.

Wer noch Kraft und Geld hat, kann gleich nebenan authentische indische Kinder- und Herrenkleidung, seidene Saris, bunte Stoffe, schillernde Accessoires oder indischen goldenen Schmuck in Hülle und Fülle erstehen. Auch Bestellungen für Maßanfertigungen werden hier entgegengenommen und von den Näherinnen im hinteren Teil des Ladens innerhalb weniger Tage ausgeführt. Das Viertel mit seinen rund 9.000 Einwohnern ist ein weiterer lebendiger Beweis für die so beeindruckende Vielfalt dieser Stadt.

Adresse 64–70 Station Street, Wentworthville, NSW 2145 | ÖPNV Bahnen T1 und T5, Haltestelle Wentworthville, Busse 705, 708, 709, 818 und 824, Haltestelle Station St before Pritchard St | Anfahrt kostenfreies Parken in den Seitenstraßen | Öffnungszeiten täglich 8–22 Uhr | Tipp Der eindrucksvolle, dem Gott des Krieges gewidmete Muragan-Tempel ist ein wichtiger Treffpunkt der hiesigen hinduistischen Gemeinschaft und steht täglich von 7.30–20.30 Uhr allen interessierten Besuchern offen (217 Great Western Highway, Mays Hill, NSW 2145).

100_Underwood Ark

Abholzen für die Kolonie

Die Infrastruktur der britischen Kolonie begann äußerst bescheiden. Nach der Ankunft der Siedler im Januar 1788 bestand sie zunächst aus einem Trampelpfad auf Höhe der heutigen George Street, der zwischen den Zelten der aus England verstoßenen Strafgefangenen hindurchführte. Da die ohnehin zu Fuß unterwegs waren, spielte der schlechte Zustand der Wege keine große Rolle. Das änderte sich erst, als die Stadt zum blühenden Handelszentrum avancierte und Kutschen und stahlbeschlagene Pferde die vielen mittlerweile bebauten Straßen und Gassen entlangfuhren.

Wabernde Staubwolken im Sommer und schlammige Schlaglöcher im Winter standen dem erfolgreichen britischen Außenposten nicht gut zu Gesicht und ärgerten Anwohner und Ladenbesitzer. Also musste eine Lösung her. Versuche, die Straßen mit dem Sandstein der Gegend zu festigen, scheiterten an der Brüchigkeit des weichen Materials. Da besann man sich der schönen Hartholzvorkommen und belegte die gesamte Innenstadt kurzerhand mit einem Pflaster aus Holzblöcken. Von 1880 bis 1900 wurde ganz Sydney damit ausgestattet – viele der noch vorhandenen prächtigen Eukalyptusbäume wurden abgeholzt. Die Skulptur »Underwood Art« von Michael McIntyre erinnert seit 2017 an die unwiederbringlich verloren gegangene Landschaft. Vom verstümmelten Wurzelballen bis zur brutal gekappten Spitze misst der in zehn Meter Höhe hängende Blackbutt-Eukalyptus 35 Meter. Er wurde 200 Jahre alt.

Die Holzstraßen waren auch nicht von Dauer. Das Aufkommen von Autos beanspruchte sie zunehmend, und spätestens seit den 1930er Jahren wurden sie nach und nach durch Asphalt ersetzt, zumal sie mittlerweile ohnehin voller Lücken waren. Während der Weltwirtschaftskrise hatten viele Familien die Holzblöcke dazu genutzt, ihre Häuser zu heizen und ihren Kindern wenigstens einmal am Tag eine warme Mahlzeit vorm Ofen anzubieten.

Adresse Underwood Street, Sydney, NSW 2000 | **ÖPNV** Bus 115, Haltestelle Exchange Sq, Bridge St, alle Fähren, Busse und Bahnen am zentralen Verkehrsknotenpunkt Circular Quay | **Anfahrt** zweistündiges kostenpflichtiges Parken in den Straßen von The Rocks | **Öffnungszeiten** immer zugänglich | **Tipp** Erhalten ist heute ein rekonstruiertes Stück der Holzstraßen in der nahen George Street (gegenüber Hicksen Road, The Rocks, NSW 2000). Die Oberfläche der mit Teer und Sand widerstandsfähig gemachten Stadtparkettierung wurde jeden Abend von den »Blockboys« mit Desinfektionsmittel abgewaschen und von Pferdekot und Müll befreit.

101_Die University of Sydney

Wo nie ein Zauberlehrling weilte

Seit ein Reiseveranstalter seinen Kunden gegenüber frech behauptete, genau hier seien aber auch wirklich sämtliche Harry-Potter-Bände verfilmt worden, strömen immer wieder sehnsuchtsvolle Fans an den pittoresken Clocktower der University of Sydney, um sich beim stets freundlich bleibenden Portier nach den genauen Drehorten des vermeintlichen Hogwarts zu erkundigen. Aber auch ohne den Megafilm, dessen Schauspieler hier niemals auch nur einen Fuß hinsetzten, ist das große Unigelände mit seiner spannenden Mischung aus Gebäuden des 19. Jahrhunderts und neuer Baukultur den Besuch wert.

In den vergangenen Jahren haben viele zeitgenössische Architekturprojekte für Aufsehen gesorgt. Die schneckenförmige Holztreppe der 35.000 Quadratmeter großen Business School beispielsweise, entstanden nach einem Entwurf des australischen Architekturbüros Woods Baggot, oder das preisgekrönte kreisrunde Sibyl Centre des Women's College von m³architecture aus Queensland. Die meisten der Universitätsgebäude sind frei zugänglich, ebenso wie man in den zahlreichen Kantinen und Cafés einkehren darf. Bisweilen fühlt man sich hier wie an einer Fakultät in Asien. Kommen doch ganze 25 Prozent der Studierenden mittlerweile aus China und finanzieren durch ihre horrenden Studiengebühren die Uni mit.

Dank einer 15-Millionen-Dollar-Spende des politisch bestens vernetzten Bauunternehmers und Ehrenprofessors Chau Chak Wing ließ die Universität zudem ein alle Sammlungen der Fakultäten zusammenfassendes Supermuseum auf dem Campus errichten. Während manche der Universitätsleitung Käuflichkeit vorwerfen, begrüßen andere das kostenlos zugängliche »Dr Chau Chak Wing Museum«. Zugutehalten kann man dem Projekt, dass so viele der ehemals in Archiven und Lagern vergrabenen wunderschönen Objekte und Bilder erstmals der Öffentlichkeit zugänglich gemacht werden konnten.

Adresse University of Sydney Main Gate, Camperdown, NSW 2006, vollständiger Campusplan unter www.sydney.edu.au | **ÖPNV** Busse 412, 413, 422, 440, 480 und 483, Haltestelle University of Sydney Main Gate, Parramatta Rd | **Anfahrt** wenige kostenpflichtige Parkplätze über den Campus verteilt | **Öffnungszeiten** Campus immer zugänglich | **Tipp** Mit einem Sprung in den nahen Victoria Park Pool (City Road, Ecke Parramatta Road, Camperdown, NSW 2050), Sydneys ältesten öffentlichen Außenpool, lässt sich der Tag erfrischt zu Ende bringen. Geöffnet Mo–Fr 6–19 Uhr, Sa, So 7–19 Uhr.

102 Der Vaucluse Kitchen Garden

Gartenexperimente von 1830

Die Sommer früher Kolonialtage hingen voller Pfirsiche. Als verbreitete Nutzfrucht wurden sie eingekocht, zu Schnaps verarbeitet und als Fallobst an Schweine verfüttert. Im Küchengarten von Vaucluse wuchs eine der eindrucksvollsten Früchte heran. Mit einem Umfang von 22 Zentimetern gewann sie 1830 den Preis für den schönsten Pfirsich der Kolonie.

Im zum Garten gehörenden Haus lebte damals einer der Pioniere der frühen Besiedlung mit seiner Frau und zehn Kindern. William Charles Wentworth und seiner Sippe haftete der Makel der Strafgefangenenherkunft an, denn sowohl er als auch seine Frau Sarah hatten jeweils ein Elternteil, das unfrei nach Australien gekommen war. Mit dem schlossähnlichen Rückzugsort weit entfernt des Hafens demonstrierte der bekannte und gefürchtete Redner, Politiker und Gutsbesitzer seinen Reichtum und seine Selbstbestimmtheit. Wentworth gründete die Sydney University, setzte sich für die Unabhängigkeit der Kolonie und gegen das Establishment ein und gab eine unabhängige Zeitung heraus. Privat hatte er einen grünen Daumen.

Sein Küchengarten war allerdings nicht immer so gut erhalten wie heute. Seit Beginn des 20. Jahrhunderts wurde das Gelände als Mülldeponie missbraucht. Erst dem Einsatz eines engagierten Kurators ist es zu verdanken, dass die Anlage in ihrem frühen Charakter wiederhergestellt wurde. Dazu recherchierte man, welche Pflanzen die Siedler mit nach Australien brachten, ließ alte Saatgutsorten aus England einfliegen und legte im Jahr 2000 los. Heute kultiviert das Gartenteam bis zu 100 verschiedene Sorten. Je nach Jahreszeit sind seltene Klettererbsen, Kürbisse und Salate oder Blumenfelder zu bewundern. Die Furchen und Haufen innerhalb der Beete sind übrigens kein Zeichen für die Unordnung der Chefgärtnerin, sondern Teil eines wassersparenden Bewässerungssystems aus dem 19. Jahrhundert.

Adresse Vaucluse House, 69A Wentworth Road, Vaucluse, NSW 2030 (www.sydneylivingmuseums.com.au, Eintritt 12 bis 15 AUD, Tel. +61/2/93887922) | ÖPNV Bus 325, Haltestelle Vaucluse New South Wales 2030 | Anfahrt Parkplatz vor dem Haus | Öffnungszeiten Mi–Sa 10–16 Uhr | Tipp Die zehn Wentworth-Kinder planschten einst mutig in der nahen Shark Bay. Heute kann man in der mit Hainetz geschützten Bucht selbst schwimmen oder den Schwimmern vom Café »The Nielsen« aus zusehen (www.thenielsen.com.au).

103_Victor Churchill

Fleischtempel mit Stil

Australier gehören zu den exzessivsten Fleischkonsumenten der Welt. Laut den Zahlen des australischen Agrarministeriums betrug der durchschnittliche Konsum in den vergangenen Jahren rund 110 Kilogramm pro Kopf. Damit liegt man nur knapp hinter den Amerikanern und rund 30 Kilogramm vor dem Durchschnitt europäischer Fleischesser. Unter gutem Essen versteht manch Sydneysider vor allem ein saftiges Stück Fleisch auf dem Grill.

Bei Victor Churchill im feinen Vorort Woollahra geht es freilich um mehr als das. Der amerikanische Reisereporter und Koch Anthony Bourdain adelte den kleinen Laden einmal zur »schönsten Metzgerei der Welt«, andere sprachen vom »Prada unter den Fleischereien«. Tatsächlich hat der seit 1876 bestehende Laden die Anmutung eines Haute-Couture-Shops. Nur dass in den dezent beleuchteten Vitrinen eben keine Schmuck- oder Kleidungsstücke liegen, sondern Schinken, Würste und Pasteten. Transparenz ist hier oberstes Prinzip: Eine bernsteinfarbene Wand aus Salzziegeln aus dem Himalaya bildet die Rückseite eines Raumes, in dem gut sichtbar große Schlachtfleischstücke altern; durch Glasscheiben kann der Besucher dem Zerwirken auf riesigen Holzblöcken zuschauen. Stolz ist man auch auf die historische Schinkenschneidemaschine, einst vom Rotterdamer Metzger Adrianus van Berkel erfunden, die seit über 100 Jahren im Einsatz ist.

Als Victor Puharich 1970 aus Kroatien nach Australien emigrierte, setzte er das Können seiner seit Generationen als Fleischer arbeitenden Familie fort und gab es auch an seinen Sohn Anthony weiter. Der erstand 30 Jahre später die altehrwürdige Metzgerei Churchill und verpasste ihr zu dessen Ehren den Vornamen seines Vaters und das außergewöhnliche Design. Das hat seither viele Preise gewonnen, wohl auch der exzentrischen Schaufensterdekorationen wegen, die mehrmals jährlich von Künstlern neu entworfen werden.

Adresse 132 Queen Street, Woollahra, NSW 2025, Tel. +61/2/93280402 | **ÖPNV** Bus 389, Haltestelle Ocean St at Queen St | **Anfahrt** kostenfreies Kurzparken in den Seitenstraßen | **Öffnungszeiten** Mo–Fr 9–18 Uhr, Sa 8–18 Uhr, So 9–17 Uhr | **Tipp** Mit dem Fleischpastetchen im Bauch lassen sich hervorragend die nahen Galerien erkunden, darunter Olsen (63 Jersey Road), Shapiro (162 Queen Street) oder Rosley Oxley9 Gallery, die sich schon im nächsten Viertel befindet (8 Soudan Lane, Paddington, NSW 2021).

104_Viewfinder

Blick auf verborgene Küstenwelten

Einmal im Jahr wird der zwei Kilometer lange Küstenabschnitt von Bondi nach Tamarama zur weltweit größten kostenlosen Skulpturenausstellung. Drei Wochen lang lassen sich dort unter dem Namen »Sculptures by the Sea« 100 Kunstwerke aus Australien und der restlichen Welt bestaunen, bevölkern Hunderttausende Besucher die herrlichen Klippen an Sydneys südlichen Stränden.

Manch eine der öffentlichen Skulpturen begeistert derart, dass sie bleiben darf. So ging es auch Joel Adlers »Viewfinder«, der 2019 erstmals ausgestellt und anschließend von der örtlichen Verwaltung gekauft wurde. Das sechs Tonnen schwere Periskop aus Beton, Stahl und Glas steht seitdem links der Macquarie Lightstation im Lighthouse Reserve des Stadtteils Vaucluse auf den schroffen Felsen und gibt den Blick auf bisher Verborgenes frei. Es ragt über die Steilwand und gibt die tief liegenden Küstenabschnitte in seinem Inneren auf einem Spiegel wieder. Moderne Sehgewohnheiten möchten im Abbild der rauschenden Meeresgischt immerzu eine digitale Monitoraufnahme erkennen. Dabei zeigt die Skulptur nur das, was sich gerade unterhalb der Klippe in Echtzeit abspielt, den Blicken des Küstenläufers aber normalerweise vollkommen entzogen. Auch damit, dass die Proportionen des Abgebildeten nur schwer einschätzbar sind, spielt der Künstler. Tatsächlich hat er einen Küstenausschnitt von acht mal sechs Metern ausgewählt, der auf dem Spiegel je nach Tageszeit wie eine gigantische Postkarte oder eine surrealistische Zwergenlandschaft wirken kann.

Auch Einheimische bleiben vor dem Viewfinder immer wieder stehen. Zu realisieren, welchem Wechsel ihre gewohnte Jogging- oder Hundeauslaufstrecke unterliegt, fasziniert sie jedes Mal aufs Neue. Schlussendlich geht es Joel Adler darum, mit Sehgewohnheiten zu brechen. Denn was uns wirklich tagtäglich alles umgibt, haben wir im Zweifel noch nicht einmal in Ansätzen mitbekommen.

Adresse 15 Old South Head Road, Vaucluse, NSW 2030 (Daten der jährlichen Ausstellung www.sclpturebythesea.com) | **ÖPNV** Busse 324 und 380, Haltestelle Old South Head Rd at Georges Rd | **Anfahrt** kostenfreies zweistündiges Parken am Straßenrand | **Öffnungszeiten** immer zugänglich | **Tipp** Die nahe, strahlend weiße Macquarie Lightstation liegt am malerischen Federation Cliff Walk und ist in ihren Grundmauern Australiens erster Leuchtturm, entworfen 1818 von Francis Greenway, einem Sträfling und Architekten.

105_Vintage Flipper im Luna Park

Daddeln durch die Jahrzehnte

Es ist noch nicht lange her, da gehörte zu jeder guten Kneipe ein Flipper. Während der Wirt das nächste Bier zapfte, bahnte man sich den Weg durch Zigarettenrauchschwaden zum bunt blinkenden Automaten in der Ecke, um für ein paar Münzen die kleine Metallkugel unter viel »Ding, Dong, Ding« der Spulen, Schleudern und Glocken mit den Flipperhebeln möglichst oft wieder auf die Spielfläche zu katapultieren.

Um die mechanischen Spielautomaten ist es seit dem Einzug digitaler Spielwelten geschehen. Sie wurden allzu oft verschrottet. Einen der über die Welt verstreuten Gnadenhöfe für Flipper aber findet man im Luna Park unterhalb der Sydney Harbour Bridge. Denn genau hier entdeckte Greg Terranova als Kind in der Vergnügungshalle Coney Island seine Liebe zu den knalligen Pinballautomaten. Keine Frage, dass er Teile seiner geräuschvollen, ganze 80 Stück starken Sammlung spektakulärer Flipper der 1950er, 60er und 70er Jahre Jahrzehnte später dort unterbringen musste. Unter den Maschinen sind nicht nur wahre Raritäten, alle Automaten sind zudem bestens restauriert und funktionsfähig. Im 1935 eröffneten Luna Park mit dem meterhohen lachenden Mondgesicht am Eingang sind sie in guter Gesellschaft.

Er ist einer der wenigen weltweit erhaltenen Parks im Art-déco-Stil, Coney Island sogar das einzige noch in Betrieb befindliche Beispiel eines sogenannten »Fun Houses« dieser Zeit. Auch wenn im Laufe der Jahre einige Änderungen vorgenommen wurden, versetzt einen das Innere der Halle mit Kartoffelsackrutsche, rotierenden Fässern, Spiegelkabinett und anderen harmlosen Attraktionen liebevoll zurück in die Zeit der 1930er Jahre. Die Idee für den Park brachte der Unternehmer Herman Phillips aus seiner Heimat New York mit nach Australien. Seinen ersten großen Erfolg feierte er 1912 mit der Eröffnung eines Luna Parks in Melbourne.

Adresse 1 Olympic Drive, Milsons Point, NSW 2061 | ÖPNV Busse 203, 209, 228 und 229, Haltestelle Milsons Point Wharf, Alfred St Sth, Fähren F3 und F4, Haltestelle Milsons Point, Züge T1 und T9, Haltestelle Milsons Point Station | Anfahrt kostenpflichtiges Parken unterhalb der Sydney Harbour Bridge | Öffnungszeiten Fr, Sa 11–22 Uhr, So 10–18 Uhr, Mo 11–16 Uhr, Eintrittstickets für den ganzen Park ab 34 AUD | Tipp Fünf Minuten zu Fuß an der pittoresken Wasserkante entlang hafenauswärts erreicht man die Mary Booth Reserve, an dessen Ende einige Stufen zu einem ehemaligen Anleger mit spektakulärem Ausblick auf die Sydney Opera hinunterführen.

106 Die Wanda Sand Dunes

Filmkulisse für Mad Max

Ihre einstigen Ausmaße müssen gigantisch gewesen sein, und doch haben die ersten europäischen Besucher sie glatt übersehen. Als James Cook 1770 am nur wenig entfernten Silver Beach des heutigen Vorortes Cronulla landete, führten ihn seine Erkundungstouren auch über das Sanddünensystem der Halbinsel, das sich damals allerdings unter dichter Vegetation verbarg. Erst nach den erfolglosen Versuchen eines Siedlers namens Thomas Holt, ausgerechnet hier Schafe zu züchten, trat zutage, was die indigenen Bewohner des Clans Geagal bereits seit Jahrtausenden wussten: Als die blökenden Herden das struppige Grün auf den Hügeln vollkommen abgefressen hatten, bestand das ganze Gebiet nur noch aus feinstem Sand.

Heute ist nur ein kleiner Teil der einstigen Superdüne erhalten, deren Alter auf 15.000 Jahre geschätzt wird. Trotz der Einzigartigkeit der Landschaft wurde verpasst, sie früh genug zu schützen. Profitsucht und Gier zerstörten ihr Bild nach und nach. Was durch den Bau von Ölraffinerien noch nicht kaputtgegangen war, wurde noch durch immense Immobilienentwicklungsprojekte beschädigt. Erst 2003 wurden die Dünen unter Naturschutz gestellt. Geschätzte 70 Millionen Tonnen Sand gingen bis 1990 allein durch den Abbau einer Sandmine verloren.

Andere fanden kreativere Verwendungsmöglichkeiten für die große gelbe Anhäufung. Nur spärlich bekleidet sprangen Mel Gibson und Tina Turner in George Millers apokalyptischem Kassenschlager »Mad Max: Jenseits der Donnerkuppel« 1985 durch den heißen Sand. Viele der Szenen des letzten Teils der Filmtrilogie wurden hier gedreht. Dafür wurde in den Dünen sogar die Nachbildung einer abgestürzten Boeing 747 verbuddelt. Heute begegnet man in den immer noch eindrucksvollen Resten der einst gewaltigen Landschaft Wanderern, Joggern und Zeitgenossen, die sich einmal wie in der Sahara fühlen möchten.

Adresse Bester Ausgangspunkt für den rund 30-minütigen Rundgang zur Wanda Sand Dune ist der Wanda Sand Dunes Meeting Point (Bate Bay Road, Cronulla, NSW 2230), von dem aus der linke der beiden Wege am Ende des Parkplatzes am Neubaugebiet vorbei direkt zur Düne führt. | **ÖPNV** Busse 969, 971, 985, 987 und 988 bis Cronulla High School, Bate Bay Rd | **Anfahrt** Parken am Wanda Sand Dunes Meeting Point | **Tipp** Australien ist schon lange ein Lieblingsdrehort großer Hollywoodproduktionen. Auch die gesamte »Matrix«-Trilogie mit Keanu Reeves wurde in Sydney gefilmt, beispielsweise am Brunnen des Martin Place (CBD, NSW 2000). Am International College of Management in Manly (151 Darley Road, Manly, NSW 2095) entstanden 2013 Teile von »The Great Gatsby« mit Leonardo DiCaprio.

107_Wendy's Secret Garden

Wo Pflanzen eine Seele heilten

In dieser grünen Oase steckt nicht nur viel Arbeit, sondern auch jede Menge Schmerz. Als ihr Mann, der bekannte australische Künstler Brett Whiteley, 1992 mit 53 Jahren an einer Überdosis Drogen starb, begann Wendy Whiteley wenig später damit, das verwilderte Eisenbahngrundstück unterhalb des gemeinsamen Hauses in Sydney umzugraben. Wie ein Berserker schuftete sie, riss Brombeersträucher fort, entfernte verrostete Kühlschränke und Matratzen, sammelte alte Flaschen ein und fiel nachts in einen tiefen Schlaf. Was neben der Trauerbewältigung auch dem eigenen Drogenentzug diente, wurde bald zur Obsession. Denn der unter Schweiß und Tränen entstehende illegale Garten wurde von Tag zu Tag schöner und tröstete Wendys Herz. Niemand kam, um sie zu stoppen, und Wendy hackte weiter Wurzeln, pflanzte um oder säte aus. Rund zehn Jahre später schlug das Schicksal erneut zu. Das einzige Kind, die Tochter Arkie, starb an Krebs. Nun musste der Garten zum Gedenken an die verlorenen Liebsten erst recht fertig werden.

Heute ist der verwunschene Park unterhalb der Harbour Bridge ein Ort der Kontemplation und Erholung. Gemeinsam mit zwei Gärtnern und mit der Hilfe von Nachbarn und Freunden gestaltet Wendy weiterhin eine sich stetig ändernde Mischung aus einheimischen Pflanzen, Exoten, Blumen und Kräutern, die von Balustraden aus rohem Buschholz und gepflasterten Treppen, Stützmauern und Wegen gerahmt wird. Seltene Farne und Lilien finden sich im wilden Grün ebenso wie die von lokalen Künstlern gespendeten Skulpturen und Büsten. Von der höchsten Terrasse des Gartens aus kann man frühmorgens beobachten, wie sich das Licht des Sonnenaufgangs magisch durch das dichte Blätterwerk bewegt und langsam die Harbour Bridge zum Strahlen bringt. Wendy wohnt immer noch im weißen Haus oberhalb des alten Feigenbaums und träumt vielleicht von Brett und Arkie.

Adresse Clark Park, Lavender Street, Lavender Bay, NSW 2060. Der Garten liegt versteckt zwischen Clark Park und Sydney Harbour. Steile Steinstufen führen zu einem jahrhundertealten Feigenbaum, der den Eintritt zum Park markiert. | ÖPNV nächste Eisenbahnstationen sind North Sydney und Milsons Point, Gehweg etwa fünf bis zehn Minuten, Fähranleger Milsons Point oder McMahons Point, Gehweg zehn bis 15 Minuten | Anfahrt kostenpflichtige Parkplätze in der Lavender Street | Öffnungszeiten immer eintrittsfrei geöffnet | Tipp Das ehemalige Atelier von Wendys verstorbenem Mann liegt auf der gegenüberliegenden Seite des Hafens und wirkt, als sei der Künstler nur kurz verreist. Kostenlos zugänglich von Do–So 10–16 Uhr (2 Raper Street, Surry Hills, NSW 2010).

108 Wollemia nobilis

Das lebende Fossil

Weniger als 100 wilde Exemplare sind von dieser Rarität noch bekannt – wer sich ihr in der freien Natur auch nur nähert, riskiert dafür zwei Jahre Gefängnis. Auch das am Hafen stehende Zuchtexemplar der Wollemi Pine wird von einem Stahlgehege geschützt. Die Kiefernart ist ein Dinosaurier der Pflanzenwelt.

Als der australische Parkranger David Noble im Herbst 1994 durch die Wildnis des Wollemi-Nationalparks streifte, ahnte er nicht, welche Konsequenzen seine Klettertour in eines der schwer zugänglichen Täler haben würde. Er hatte den Abstieg gerade beendet und sich mit einem Butterbrot auf den Boden gesetzt, als er direkt neben sich einen ungewöhnlichen Baum entdeckte, der ihm vollkommen unbekannt vorkam. Das ist an sich in Australien nichts Ungewöhnliches. Etwa 70 Prozent der hiesigen Flora und Fauna sind bisher nicht bestimmt worden, Entdeckungen also tatsächlich an der Tagesordnung. Noble sammelte eine Probe ein und steckte sie in seinen Rucksack.

Der Zweig, den der Ranger einem befreundeten Experten mitbrachte, wurde zur botanischen Weltsensation. Die urtümliche Pflanze erwies sich als eine Art, die eigentlich als vor 65 Millionen Jahren ausgestorben galt. Ihre Nadelform kannten die Forscher nur aus Versteinerungen. In einer bis heute geheim gehaltenen, tiefen Schlucht, etwa 200 Kilometer von der Großstadt Sydney entfernt, hatte ein Fossil überlebt. Schon als Australien vor 200 Millionen Jahren noch Teil des einstigen Superkontinents Gondwana war, kann es dort gestanden haben. Da sämtliche bisher bekannten Bäume identisches Erbgut aufweisen, gehen die Botaniker davon aus, dass der Bestand zwischendurch auf ein bis zwei Exemplare geschrumpft gewesen sein muss. Gravierende Buschfeuer hätten der Wollemie vor ein paar Jahren fast den Garaus gemacht, wären Spezialeinheiten der Feuerwehr nicht dazu bereit gewesen, ihr eigenes Leben zu riskieren, um das des Baumdinos zu retten.

Adresse Bligh and Barney Reserve, 112 George Street, The Rocks, NSW 2000 | **ÖPNV** Straßenbahn L2, Haltestelle Circular Quay; alle S-Bahnen mit Haltestelle Circular Quay; alle Fähren mit Haltestelle Circular Quay; Busse 293, 343, 392, 412, Haltestelle Bridge St | **Anfahrt** zweistündiges kostenpflichtiges Parken in der Argyle Street | **Öffnungszeiten** immer zugänglich | **Tipp** Nur einen Dinosaurierschritt von der Kiefer entfernt steht das MCA. Das Museum of Contemporary Art Australia ist in einem späten Art-déco-Gebäude mit Anbau untergebracht und zeigt Hauptwerke zeitgenössischer australischer Kunst in Wechselausstellungen (140 George Street, The Rocks, NSW 2000).

109_Die Woolloomooloo Finger Wharf

Bester Blick auf Zerstörer

Wo genau wievielmal der Buchstabe o im Namen dieses Stadtteils hingehört, kann sich doch kein Mensch merken. Auch die Namensgebung ist umstritten. Verschiedene Wörter der Aborigines könnten für die schon alte Bezeichnung Woolloomooloo Pate gestanden haben. Vielleicht war es das junge schwarze Känguru, genannt Wallabahmulla? Oder die Begräbnisstätte, genannt Wala-mala?

Zum heutigen Flair des Ortes passt wohl am besten Wallamullah, was so viel bedeutet wie »Ort des Überflusses«. Denn das einstige Arbeiterviertel steigt in der Gunst millionenschwerer Immobilienanleger. Vor allem die Sanierung der historischen Finger Wharf und der Ausbau mit schicken Wohnungen, Restaurants, einem Hotel und Liegeplätzen für Luxusyachten hat dazu beigetragen. Doch während sich am Beginn des 410 Meter langen Gebäudes aufgebrezelte Bargäste und ab und zu auch mal ein Hollywoodstar gegenseitig auf die Füße treten, ist man an seinem Ende mit einer Handvoll entspannter Angler allein. Und mit einem ziemlich bizarren Ausblick. Befindet sich schräg gegenüber dem eleganten Holzkai doch einer der wichtigsten Stützpunkte der Royal Australian Navy.

Seit den frühesten Tagen der Kolonie wurde das Gebiet von Potts Point und Garden Island für Marinezwecke genutzt. Für rund die Hälfte der australischen Flotte ist die Werft immer noch Heimathafen. Und so muss man nicht einmal viel Glück haben, um eines der gigantischen hellgrauen Kriegsschiffe beim Ein- oder Ausfahren beobachten zu können. Manöver mit kleineren Schnellbooten und Hubschraubern sind keine Seltenheit. Rund 16.000 Menschen arbeiten für die Navy, über 20 Prozent davon sind Frauen. Australien leistet sich eine der größten und modernsten Seestreitkräfte im Südpazifik. Bei fast 26.000 Kilometern Küstenlinie setzt das Land auf die Wehrhaftigkeit seiner Marine. Niemand weiß, was die Zukunft bringt.

Adresse Cowper Wharf Roadway, Woolloomooloo, NSW 2011 | **ÖPNV** Bus 311, Haltestelle Bourke St at Nicholson St | **Anfahrt** Parkhaus The Wharf, 1 Lincoln Crescent, Sydney, NSW 2000 | **Tipp** Auch vom öffentlichen Schwimmbad am Ufer gegenüber kann man dem Geschehen von September bis April entspannt zuschauen. Dann ist der Andrew Boy Charlton Pool Mo–Fr 7–19 Uhr und Sa, So 7–19 Uhr geöffnet (1c Mrs Macquaries Road, Sydney, NSW 2000).

110_Die Wynyard Station

Pendlergewusel unter alten Stufen

80 Jahre lang liefen eilige Sydneysider über diese hölzernen Stufen. Nun hetzen täglich 100.000 Passagiere unter ihnen hindurch. Der Bildhauer und Ingenieur Chris Fox hat die 2017 durch neue Modelle ersetzten Rolltreppen der Wynyard Station zur gigantischen Skulptur »Interloop« umgeformt. Jetzt hängen fünf Tonnen der historischen Rarität von der Decke.

Niemand Geringerer als einer der Hauptingenieure der Harbour Bridge war in den 1930er Jahren damit beauftragt, an einem der belebtesten Nahverkehrsknotenpunkte des neuen U-Bahn-Systems den stetigen Menschenfluss zu garantieren. John Bradfield entschied sich für den Einbau modernster Personenbeförderungstreppen, die von einem immensen Motorraum aus angetrieben wurden und schnell zum Publikumsmagneten avancierten. Bis 2017 kamen so Pendler und Besucher in den Genuss des sensorischen Erlebnisses des Summens und Ruckelns der schönen Stufen, die am Ende ihrer Karriere zu den weltweit ältesten ihrer Art gehörten.

Dann aber führte kein Weg mehr daran vorbei, sie durch schnellere und vor allem sicherere Bänder zu ersetzen. Um allen Beteiligten diesen Abschied zu erleichtern, entschied die Transportgesellschaft der Stadt sich klugerweise dazu, das alte, so lieb gewonnene Treppenband nicht ganz zu entsorgen. Sie beauftragte Chris Fox mit einer Skulptur, die eine Brücke zwischen der alten und neuen Fahrt schlagen sollte.

16 Stahlstücke später merken heute die meisten Reisenden wohl nicht einmal, dass sie unter einem eigentlich zutiefst romantischen Kunstwerk hindurchlaufen. Sie sind zu sehr damit beschäftigt, im Gewusel nicht unterzugehen. Die alte Rolltreppenregel »Rechts stehen, links gehen« gilt übrigens in Australien nicht. Anders als im Mutterland England, das auf seinen Straßen immerhin auch den Linksverkehr zelebriert, steht man hier gefälligst links und überholt rechts.

Adresse Wynyard Railway Station, Sydney, NSW 2000 | **ÖPNV** Tram L2 und L3, Haltestelle Wynyard Railway Station, zahlreiche Busse und Züge | **Öffnungszeiten** immer zugänglich | **Tipp** Nicht weit entfernt transportiert Australiens ältester Aufzug immer noch Menschen. Der »Birdcage Lift« im Rathaus von Sydney wurde 1906 eröffnet (Sydney Town Hall, 483 George Street, NSW 2000). Geführte Touren über fosth@cityofsydney.nsw.gov.au.

111_Das Yaralla Estate

Im Park der Exzentrikerin

Lust auf eine Landpartie mitten in der Stadt? Das Yaralla Estate im Stadtteil Concorde lässt einen die einstige Größe der Anwesen manch reich gewordener Einwanderer eindrucksvoll erahnen. Durch eine testamentarische Verfügung darf das ehemals 400, heute noch 40 Hektar große Gelände nicht weiter bebaut werden. So haben sich weite Wiesen, eine fulminante Allee und ein hübsches Herrenhaus erhalten. Die italienisch angehauchte Villa am Ufer des Parramattaflusses entstand in den 1850er Jahren und ist ein Entwurf von Edmund Blacket, der auch das Hauptgebäude der Sydney University schuf.

Einst lebten hier glücklich Eadith und ihr Vater Thomas Walker. Der war ein schottischstämmiger Kaufmann und Politiker und starb 1886 als einer der reichsten und einflussreichsten Australier. Alleinerbin wurde die 25-jährige Eadith, deren Mutter schon lange nicht mehr lebte. Was nun tun mit dem gigantischen Vermögen? Die junge Erbin ließ es für damalige Verhältnisse ordentlich krachen. Sie engagierte den Architekten John Sulman, der das Anwesen umfassend renovierte. Ein norwegisches Cottage musste ebenso her wie eine italienische Grotte, importierte europäische Bäume, Springbrunnen, Statuen und Gewächshäuser. Jede Menge Stallungen rundeten das Eadith-Wonderland mit 25 Bediensteten ab. Als der Prinz von Wales, später Edward VII.,1921 eine Woche hier verbrachte, wurde ihm das erste Squashhouse Sydneys erbaut, das bis heute steht.

Der Gerechtigkeit halber muss angefügt werden, dass Eadith den warmen Geldregen auch über allerlei wohltätige Zwecke ausschüttete und sich zeitlebens engagiert für Arme und Kranke einsetzte. Die einstige Schönheit der Anlage lässt sich heute an vielen Stellen noch erahnen, zum Beispiel im Rosengarten. Der Geist der 1937 verstorbenen Eadith aber lebt vor allem auf andere Weise weiter: Im friedlichen Herrenhaus werden heute schwer kranke Patienten versorgt.

Adresse The Drive/Nullawarra Avenue, Concord West, NSW 2138 | **ÖPNV** Zug T9, Haltestelle Concorde West | **Anfahrt** wenige kostenlose Parkplätze auf der Allee | **Öffnungszeiten** variieren, täglich etwa 6.30–18.30 Uhr | **Tipp** Folgt man vom Yaralla House aus dem pittoresken Uferpfad nach links und wandert an der Bucht entlang, erreicht man nach einiger Zeit die imposante Rivendell School (Hospital Road, Concord West, NSW 2138), deren historische Gebäude 1891 mit dem Geld der Walkers als Krankenhaus für Rekonvaleszente entstanden.

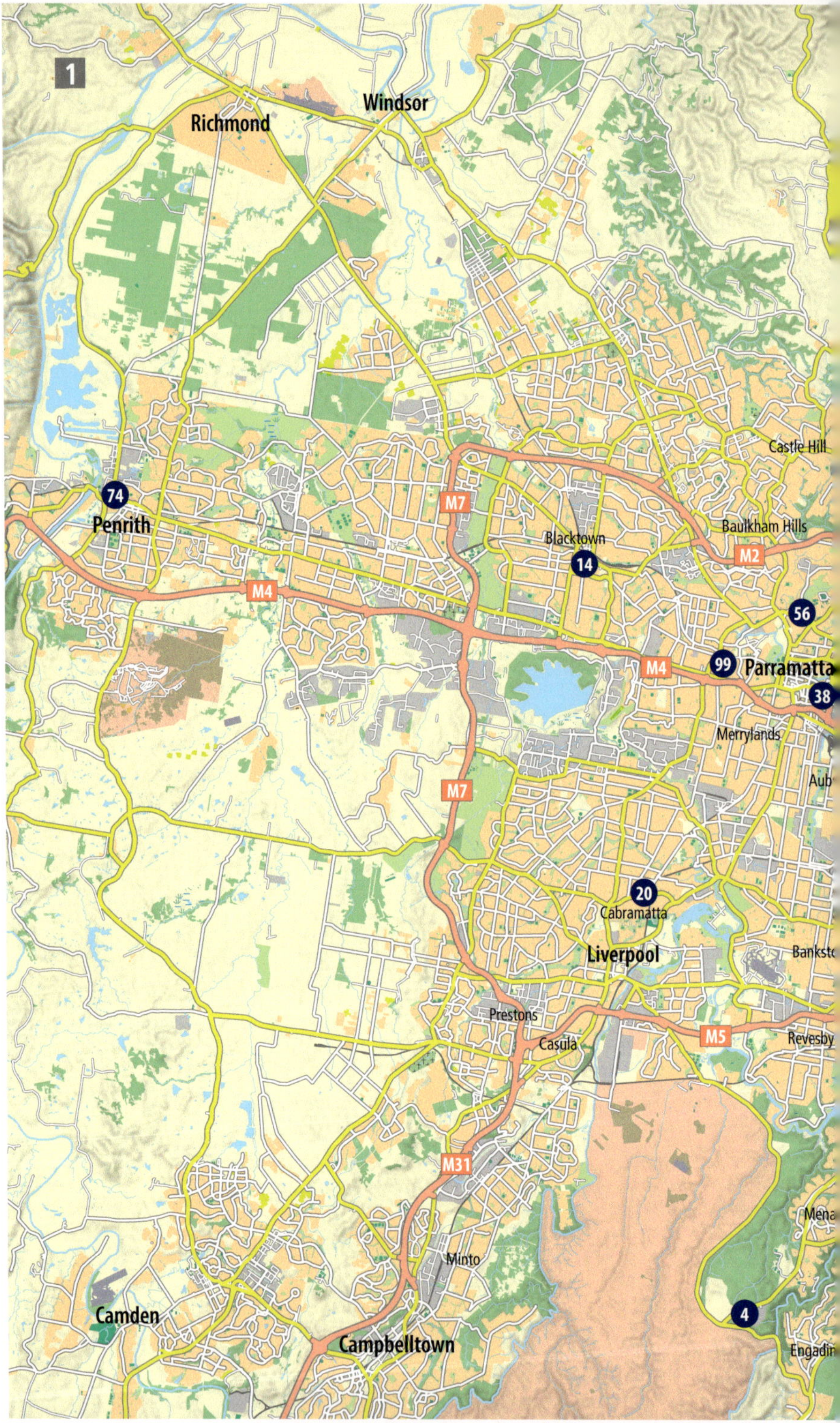
1
Windsor
Richmond
Castle Hill
74
Penrith
M7
Blacktown
14
Baulkham Hills
M2
M4
56
M4
99
Parramatta
38
Merrylands
Aub
M7
20
Cabramatta
Liverpool
Bankst
Prestons
Casula
M5
Revesby
M31
Mena
Minto
4
Camden
Campbelltown
Engadi

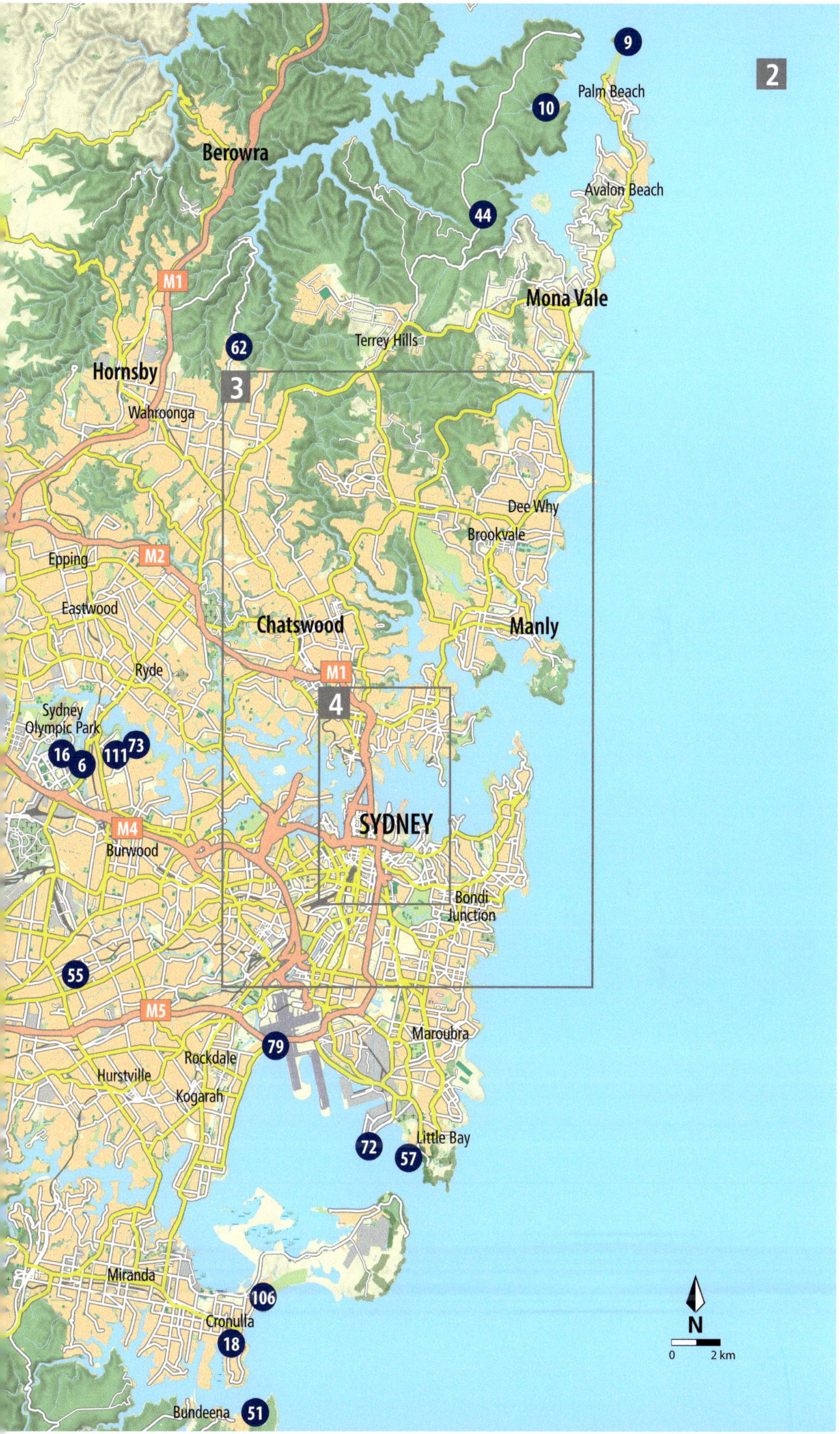

2
9
Palm Beach
10
Berowra
Avalon Beach
44
M1
Mona Vale
62
Terrey Hills
Hornsby
3
Wahroonga
Dee Why
Brookvale
Epping
M2
Eastwood
Chatswood
Manly
M1
Ryde
4
Sydney
Olympic Park
16
6
111
73
M4
SYDNEY
Burwood
Bondi
Junction
55
M5
Maroubra
79
Rockdale
Hurstville
Kogarah
Little Bay
72
57
Miranda
106
Cronulla
18
Bundeena
51
N
0
2 km

3
75
Narrabeen
St Ives
Belrose
Collaroy Plateau
Oxford Falls
Davidson
Cromer
Collaroy
Frenchs Forest
Narraweena
Beacon Hill
Dee Why
Gordon
East Killara
43
95
Brookvale
North Curl Curl
Forestville
5
76
Killara
East Lindfield
Allambie Heights
Curl Curl
North Manly
Freshwater
Lindfield
Roseville Chase
Killarney Heights
Queenscliff
33
68
Manly Vale
Roseville
82
Castle Cove
North Balgowlah
Middle Cove
93
Balgowlah
Fairlight
Manly
Chatswood West
Chatswood
Seaforth
61
Willoughby East
19
Clontarf
Lane Cove North
22
Balgowlah Heights
Artarmon
Willoughby
52
Lane Cove West
Lane Cove
Northbridge
27
North Harbour
Naremburn
98
St Leonards
Cammeray
Riverview
4
7
Crows Nest
Cremorne
70
69
Longueville
Greenwich
Mosman
Wollstonecraft
Neutral Bay
Waverton
46
Woolwich
Cremorne Point
Lavender Bay
Watsons Bay
26
Milsons Point
Drummoyne
Birchgrove
78
104
29
102
Vaucluse
Balmain
The Rocks
30
Rozelle
Point Piper
Pyrmont
SYDNEY
Lilyfield
32
Darling Point
Rose Bay
Dover Heights
Glebe
Haymarket
Darlinghurst
Forest Lodge
Edgecliff
Bellevue Hill
Leichhardt
Surry Hills
North Bondi
Paddington
Woollahra
45
Bondi Beach
Camperdown
101
Centennial Square
15
Stanmore
Newtown
Redfern
Bondi Junction
Eveleigh
Lewisham
Moore Park
12
13
Queens Park
Enmore
40
Tamarama
86
53
54
Erskineville
Bronte
85
48
Marrickville
71
Zetland
80
89
Alexandria
Kensington
63
8
Clovelly
24
Randwick
Sydenham
N
17
0
1 km
Rosebery
Kingsford
Coogee
31
Tempe

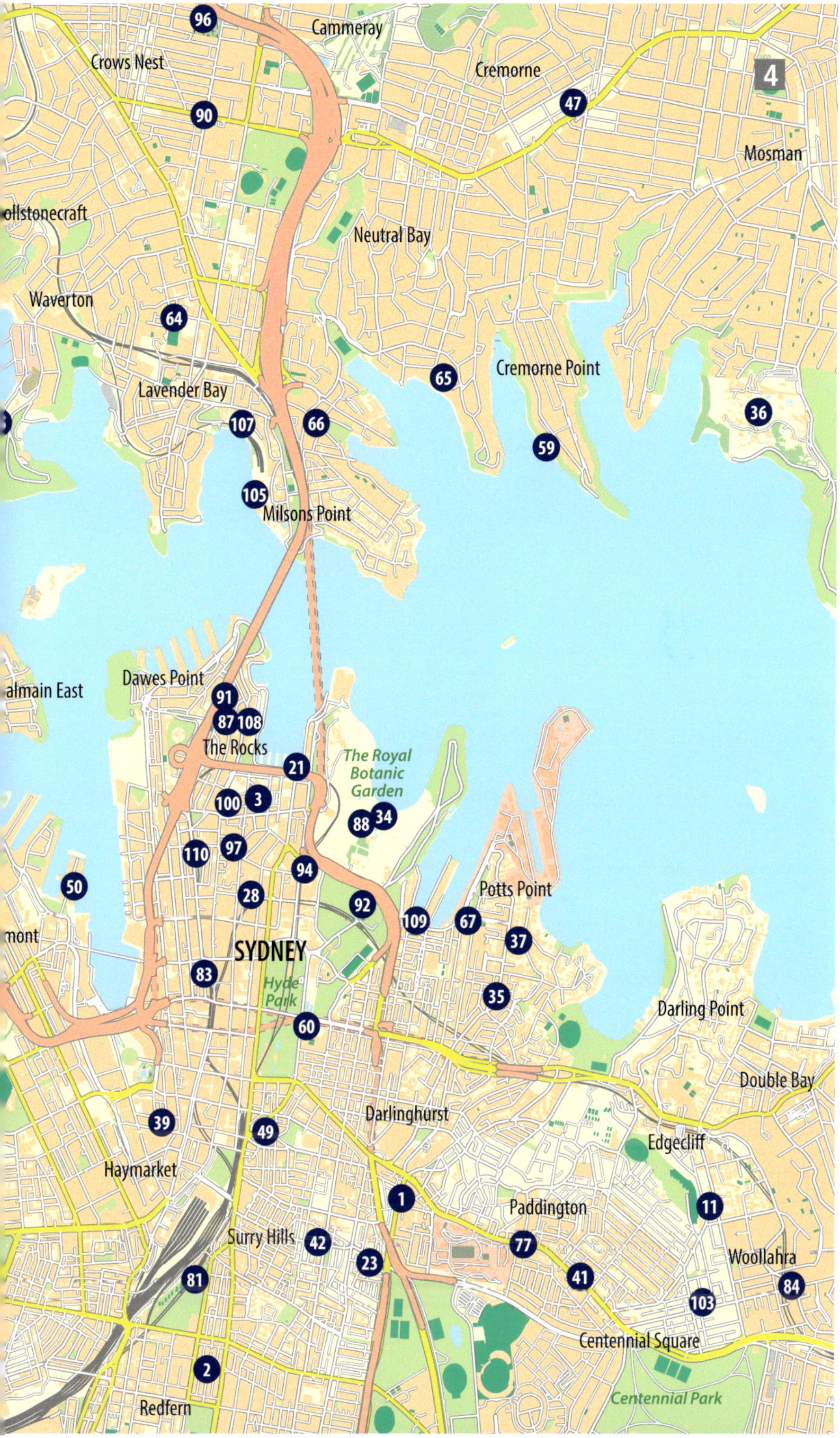
4
Cammeray
Crows Nest
Cremorne
Mosman
ollstonecraft
Neutral Bay
Waverton
Lavender Bay
Cremorne Point
Milsons Point
Dawes Point
almain East
The Rocks
The Royal Botanic Garden
Potts Point
mont
SYDNEY
Hyde Park
Darling Point
Double Bay
Darlinghurst
Edgecliff
Haymarket
Paddington
Surry Hills
Woollahra
Centennial Square
Centennial Park
Redfern
96
90
47
64
65
36
107
66
59
105
91
87
108
21
100
3
88
34
110
97
94
50
28
92
109
67
37
83
35
60
39
49
1
11
42
77
23
41
81
103
84
2

David Doroghy, Graeme Menzies
111 Orte in Vancouver, die man gesehen haben muss
ISBN 978-3-7408-1015-3

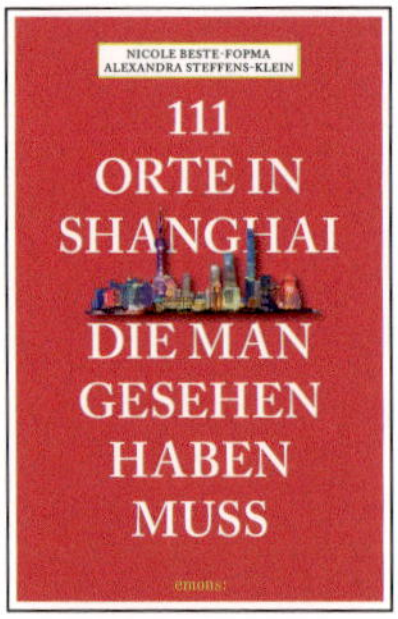

Nicole Beste-Fopma,
Alexandra Steffens-Kleinn
111 Orte in Shanghai, die man gesehen haben muss
ISBN 978-3-7408-1299-7

Annett Klingner
111 Orte in Dubai, die man gesehen haben muss
ISBN 978-3-7408-0647-7

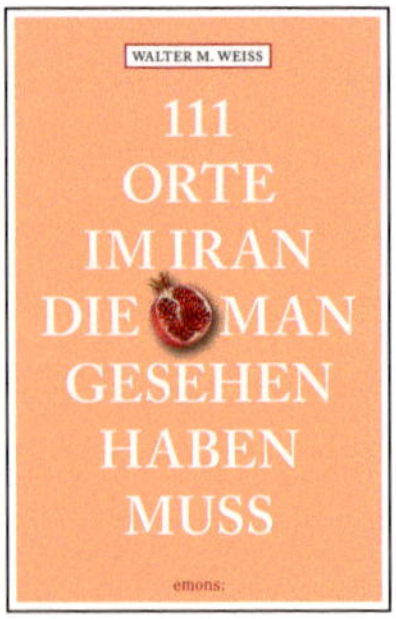

Walter Weiss
111 Orte im Iran, die man gesehen haben muss
ISBN 978-3-7408-0402-2

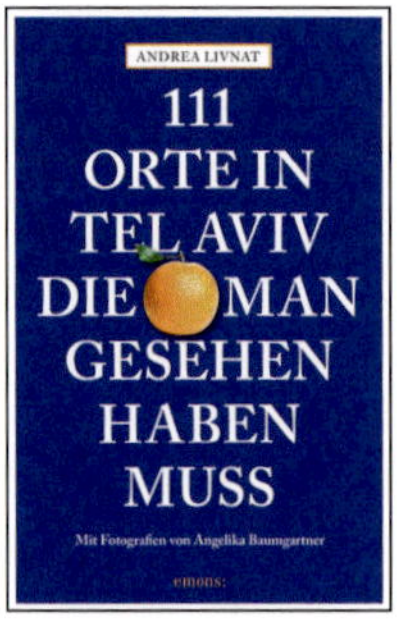

Andrea Livnat
111 Orte in Tel Aviv, die man gesehen haben muss
ISBN 978-3-7408-0725-2

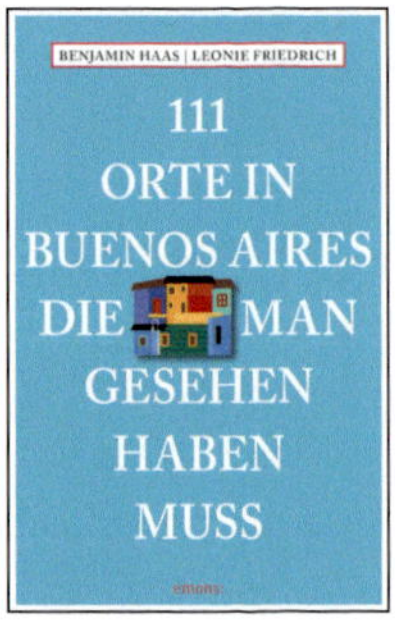

Benjamin Haas, Leonie Friedrich
111 Orte in Buenos Aires, die man gesehen haben muss
ISBN 978-3-95451-835-7

Floriana Petersen
111 Orte in San Francisco, die man gesehen haben muss
ISBN 978-3-95451-750-3

Laszlo Trankovits
111 Orte in Jerusalem, die man gesehen haben musss
ISBN 978-3-7408-0390-2

Frauke Kraas, Regine Spohner,
Jörg Stadelbauer
111 Orte in Myanmar, die man gesehen haben muss
ISBN 978-3-7408-0149-6

Antje Allroggen
111 Orte auf Mauritius, die man gesehen haben muss
ISBN 978-3-7408-0119-9

Christoph Hein, Sabine Hein
111 Orte in Singapur, die man gesehen haben muss
ISBN 978-3-7408-0337-7

Amy Bizzarri
111 Orte in Chicago, die man gesehen haben muss
ISBN 978-3-7408-0355-1

Stefanie Thiedig, Xie Kaijin
111 Orte in Peking, die man gesehen haben muss
ISBN 978-3-7408-0250-9

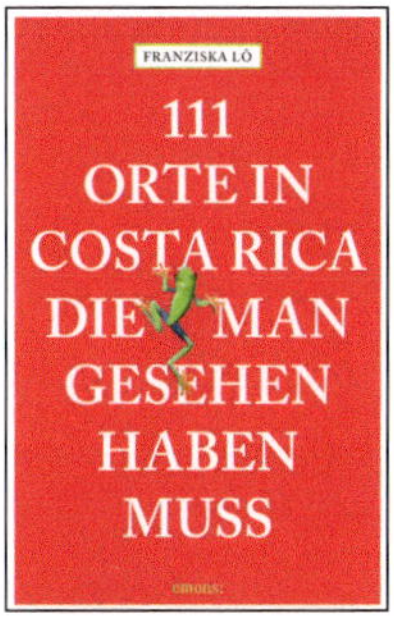

Franziska Lô
111 Orte in Costa Rica, die man gesehen haben muss
ISBN 978-3-7408-0245-5

Laurel Moglen, Julia Posey
111 Orte in Los Angeles, die man gesehen haben muss
ISBN 978-3-7408-0125-0

Rüdiger Liedtke,
Laszlo Trankovits
111 Orte in Kapstadt, die man gesehen haben muss
ISBN 978-3-95451-456-4

Christine Izeki, Björn Neumann
111 Orte in Tokio, die man gesehen haben muss
ISBN 978-3-7408-0117-5

Kathrin Bielfeldt, Raymond Wong
111 Orte in Hongkong, die man gesehen haben musss
ISBN 978-3-95451-914-9

Bildnachweise

Fotos: Susan Scholz (www.susanscholzphoto.com), außer: Ort 9, 14, 16, 19, 21, 22, 25, 27, 30, 32, 33, 43, 44, 45, 49, 58, 67, 70, 77, 79, 82, 83, 87, 96, 98, 100, 104, 109: Henrike v. Speßhardt; Ort 1: Courtesy the artist Dylan Mooney and N. Smith Gallery, Gadigal Hayden Orpheum; Ort 54: Courtesy and Copyright Anthony Spira; Ort 68: Florentine v. Speßhardt; Ort 74: Courtesy Museum of Fire; Ort 80: Courtesy The Pollys Club; Permissions: Ort 65: May Gibbs Trust; Ort 105: Luna Park Ltd.

Danksagung

Ich erkenne die Völker der Aborigines und der Torres-Strait-Insulaner als die traditionellen Hüter des Landes Australiens an. Die Gadigal der Eora-Nation sind die eigentlichen Wächter des Ortes, den wir heute Sydney nennen.

Mein tiefster Dank gilt meiner Mutter Eva Schulte (1948–2015), die mich lehrte, den Zauber und die Freude in den kleinen, vermeintlich unwichtigen Dingen zu erkennen, und meinem Vater Eike Gustav Schulte (1948–2019), der mir beibrachte, alles zu hinterfragen und niemals den großen Strömungen unkritisch zu folgen. Möge euch der ewige Kreislauf der Traumzeit gut aufgenommen haben.

All denjenigen, die mich mit Hinweisen und Ideen versorgten oder Orte testeten, danke ich ebenfalls von Herzen, insbesondere Carmen Balz-Ryser, Melanie und Hanno Blankenstein, Dr. Craig Brown und Dr. Annette Lenk, Margot Cuthill, Dinah Feller, Martina Herrmann, Susanne Iblher, Yu-Kyoung Kim-Berens, Anne Lepschies und Prof. Rico Merkert, Frank Metz, Evelyn Pschak von Rebay, Barbara und Jakob Riegger, Anthony Spira, Vanitha Tonn, Antoinette von Wendt, Bettina Wilde und Dr. Michael Zettinig. Susan Scholz gilt größte Anerkennung für ihre unermüdliche Suche nach der perfekten Einstellung und wirklich unendliche Geduld.

Meiner Tante Dr. Hilde Schulte und meinen Schwiegereltern Ina und Henning von Speßhardt danke ich für ihren mentalen Beistand, ebenso wie meiner Schwester Lena Goutier sowie Elke Bussenius großer Dank dafür gilt, dass sie mir in Deutschland während des pandemiebedingten australischen Reiseverbots den Rücken frei hielten.

Dieses Buch wäre niemals entstanden ohne die Unterstützung meines Mannes Christoph, der seine und meine Füße wie einst versprochen auf weiten Raum setzte. Unseren Kindern Florentine, Philippa und Caspar: Bleibt so fröhlich, kreativ und abenteuerlich, wie ihr seid, und tragt für immer die Erinnerung an unsere schöne gemeinsame Zeit am anderen Ende der Welt im Herzen.

Henrike von Speßhardt, geboren 1976 in Bonn, studierte Kunstgeschichte in Köln und Berlin und arbeitete 15 Jahre als Journalistin für Kunst- und Kulturzeitschriften aus der deutschen Hauptstadt. Von 2018 bis 2022 lebte sie mit Mann, drei Kindern und einer australischen Promenadenmischung in Sydney und berichtete am liebsten über die faszinierende Kunst der Ureinwohner. Mittlerweile wohnt und arbeitet sie in Stade bei Hamburg und in Unterfranken.

Susan Scholz, 1974 in Lörrach geboren, hat ihre Passion für Fotografie und Reise früh entdeckt. Aus einer interkulturellen Familie stammend, hatte sie immer den Wunsch, weltweit Menschen kennenzulernen und Augenblicke aus deren Leben festzuhalten. Während ihres Fotografie- und Filmstudiums in Zürich und Chicago arbeitete sie in der Werbung und für Verlage in Deutschland und den USA. 2010 wanderte sie mit ihrer Familie nach Melbourne aus, seit 2019 lebt sie als selbstständige Fotografin in Sydney. www.susanscholzphoto.com